Deficiência motora:
intervenções no ambiente escolar

SÉRIE INCLUSÃO ESCOLAR

Deficiência motora:
intervenções no ambiente escolar

Jocian Machado Bueno

Editora intersaberes

Rua Clara Vendramin, 58 • Mossunguê
CEP 81200-170 • Curitiba • PR • Brasil
Fone: (41) 2106-4170
www.intersaberes.com
editora@editoraintersaberes.com.br

CONSELHO EDITORIAL	Dr. Ivo José Both (presidente)
	Dr.ª Elena Godoy
	Dr. Nelson Luís Dias
	Dr. Neri dos Santos
	Dr. Ulf Gregor Baranow
EDITORA-CHEFE	Lindsay Azambuja
SUPERVISORA EDITORIAL	Ariadne Nunes Wenger
ANALISTA EDITORIAL	Ariel Martins
PREPARAÇÃO DE ORIGINAIS	Eliane Felisbino
REVISÃO DE TEXTO	Dayene Correia Castilho
CAPA E FOTOGRAFIAS DO MIOLO	Sílvio Gabriel Spannenberg
PROJETO GRÁFICO	Frederico Santos Burlamaqui
ILUSTRAÇÕES	Adriano Pinheiro
ICONOGRAFIA	Danielle Scholtz

Dados Internacionais de Catalogação na Publicação (CIP)
(Câmara Brasileira do Livro, SP, Brasil)

Bueno, Jocian Machado

Deficiência motora: intervenções no ambiente escolar / Jocian Machado Bueno. – Curitiba: InterSaberes, 2012. – (Série Inclusão Escolar)

Bibliografia.
ISBN 978-85-8212-140-5

1. Deficientes – Educação – Brasil 2. Educação inclusiva I. Título II. Série.

12-07945   CDD-371.90981

Índices para catálogo sistemático:
1. Brasil: Pessoas portadoras de deficiência motora: Educação   371.90981.

1ª edição, 2012.

Foi feito o depósito legal.

Informamos que é de inteira responsabilidade da autora a emissão de conceitos.
Nenhuma parte desta publicação poderá ser reproduzida por qualquer meio ou forma sem a prévia autorização da Editora InterSaberes.
A violação dos direitos autorais é crime estabelecido na Lei nº 9.610/1998 e punido pelo art. 184 do Código Penal.

Sumário

Apresentação, 13

1 Desenvolvimento e movimento: qual a relação?, 15
1.1 Ato motor e neurologia, 18
1.2 Fases do movimento em sua evolução ontogenética, 20
1.3 Princípios da evolução motora, 22
1.4 Da estimulação ao desenvolvimento, 27

2 Desenvolvimento motor e deficiência motora, 29

3 Deficiência motora, 57
3.1 Deficiência física e deficiência motora, 62
3.2 Causas da deficiência motora, 64
3.3 Níveis de comprometimento da deficiência motora, 65
3.4 Classificação da deficiência motora, 68

4 Paralisia cerebral (PC), 83
4.1 Localização e distribuição, 90
4.2 Grau afetado, 96
4.3 Tipo clínico, 97
4.4 A criança com PC na escola, 104

5 Necessidades educacionais especiais de alunos com deficiências motoras, 109

5.1 Avaliação das capacidades psicoeducacionais motoras, 116

5.2 O atendimento educacional especializado para alunos deficientes motores: facilitando o processo de aprendizagem, 119

5.3 Adequações curriculares para o atendimento educacional, 121

5.4 Adequações curriculares de grande e de pequeno porte, 126

5.5 Adequações curriculares: quando e como começar?, 135

5.6 Recursos educacionais tecnológicos, 145

6 Recursos educacionais e adequações físicas, 155

6.1 Adequações em recursos didáticos, 164

6.2 Quebrando barreiras: recursos físicos e ergonômicos, 173

Considerações finais, 179

Glossário, 183

Referências, 187

Sobre a autora, 195

Dedico esta obra ao Silvio, ao Bruno e à Renata, meus maiores incentivadores e participantes de minha trajetória de vida.

Agradecimentos

Este livro é resultado de estudos sobre o contexto inclusivo do deficiente motor e tem a preocupação de ampliar o olhar educativo sobre essa população que, embora limitada fisicamente, tem muito a nos oferecer, e necessita do olhar generoso do outro para que seja atendido plenamente em suas necessidades e anseios.

Meu agradecimento também se estende à equipe de profissionais que me acompanham e que comigo compartilham suas experiências. E, finalmente, a toda a equipe da Editora InterSaberes, que me proporcionou os passos necessários para a efetivação deste livro.

A mente que se abre a uma nova ideia jamais voltará ao seu tamanho original.

Albert Einstein

Apresentação

Apresentaremos, nesta obra, reflexões sobre o atendimento educacional desenvolvido com a população que possui alguma deficiência motora, em uma perspectiva inclusiva, bem como algumas de suas contribuições. As ações e intervenções educativas propostas para esses indivíduos buscam estimulá-los a apropriar-se de suas reais capacidades e utilizá-las para conhecer o mundo através de suas interações com o meio, garantindo, assim, o desenvolvimento da totalidade de seus potenciais.

Iniciaremos o primeiro capítulo com um breve estudo sobre a relação existente entre desenvolvimento e movimento. Essa compreensão inicial é importante para posteriormente entendermos melhor a deficiência motora, pois o movimento é o primeiro facilitador dos desenvolvimentos cognitivo e motor.

No segundo capítulo, estudaremos o desenvolvimento motor esperado para cada fase evolutiva na infância. Apresentaremos quadros, nos quais indicaremos, de forma geral, como acontece o desenvolvimento em cada etapa do crescimento.

No terceiro capítulo, conceituaremos cada tipo de deficiência e nos aprofundaremos na temática *deficiência motora*, foco desse estudo. No quarto capítulo, direcionaremos o conteúdo para a paralisia cerebral (PC). Como existem tipos variados de paralisia, é de suma importância que os profissionais da educação conheçam as características, o grau afetado, a localização e o tipo clínico da PC para direcionarem o trabalho pedagógico e possibilitarem as intervenções educacionais necessárias.

A escolha de direcionar-se para a PC e de se aprofundar nela é justificada pelo alto número de alunos com essa deficiência em comparação às demais, bem como pela complexidade de suas características e de seus encaminhamentos.

Após o embasamento teórico proporcionado pelos quatro primeiros capítulos, na sequência, no quinto e no sexto, abordaremos o cenário escolar, observando as necessidades educacionais de alunos com deficiências motoras e o devido atendimento especializado para efetivar o processo de ensino-aprendizagem. Entre as adequações comumente necessárias ao aluno com deficiência motora estão as modificações nos recursos físicos, as adequações curriculares e os recursos pedagógicos.

Por fim, para suscitar estudos e novas leituras, apresentamos indicações de *sites*, filmes e considerações associados ao universo estudado no decorrer do livro.

1

Desenvolvimento e movimento: qual a relação?

Na relação entre os sistemas biológico e social humanos, inúmeras pesquisas apontam o movimento como elo do indivíduo com o meio. Tal interação é consolidada, principalmente, pelo corpo, pela capacidade de movimentar-se. Sendo assim, entender como ocorre essa relação é fundamental para compreender o desenvolvimento humano.

O movimento é o primeiro facilitador do desenvolvimento cognitivo e do desenvolvimento motor e é um elemento primordial no crescimento e no desenvolvimento da criança (Gallahue; Ozmun, 2005). Acompanhe esse processo nas páginas seguintes.

1.1
ATO MOTOR E NEUROLOGIA

Para entender a complexa relação entre desenvolvimento e movimento, primeiramente, precisamos saber como o ato motor ocorre do ponto de vista neurológico, visto que, neste estudo, os referenciais sobre o movimento e, posteriormente, sobre a deficiência motora, terão seu apoio teórico pautado nas correntes neuropsicológicas, mesmo quando a abordagem se aproxima da intervenção escolar.

O ato motor representa a ação ou o movimento controlado pelo sistema nervoso central (SNC), único responsável pela imensa complexidade das ações de controle que o ser humano pode realizar. O SNC recebe milhares de estímulos de informações dos diferentes órgãos sensoriais e, em seguida, integra todos eles para determinar a resposta a ser executada pelo organismo. Nesse sentido, as cores, os sons, os cheiros, as formas e as texturas que compõem o mundo não seriam notados se não fossem os neurônios que formam este sistema (Bueno, 1998).

"O sistema nervoso reage aos estímulos do mundo exterior de uma maneira que nos permite tomar consciência do meio que nos cerca" (Bueno, 1998, p. 44). Sendo assim, os estímulos que chegam do meio se transformam em impulsos nervosos que desencadearão, entre outras funções, as contrações dos músculos esqueléticos em todo o corpo, determinando nossos atos motores. Ou seja, o SNC é que determina nossas atitudes, através dos atos motores. Tais atos se manifestam de forma reflexa, voluntária ou automática. Essas três formas de controle do ato motor se revelam em nossos gestos de forma conjunta, muitas vezes sem que nos apercebamos disso. Se, por exemplo, ao caminharmos num parque, um cisco atingir nossos olhos por causa da força do vento, o ato motor reflexo será piscar as pálpebras. Ainda, ao caminhar, usamos movimentos automáticos previamente aprendidos ao longo da vida, sendo voluntário o ato motor de nos agacharmos caso queiramos alcançar um graveto.

Sendo assim, compreender a aprendizagem do movimento voluntário somente é possível se ele evoluiu em sua complexidade e se essa evolução ocorreu a partir das vivências e da sensação do movimento, ou seja, somente intensificando a estimulação é que podemos obter as sensações essenciais para a aprendizagem dos movimentos voluntários. Nesse sentido, podemos afirmar que o movimento é o principal elemento no crescimento e no desenvolvimento, pois "toda ação está pertinente a um movimento e todo ato motor tem uma ação e um significado" (Bueno, 1998, p. 17).

Dessa forma, o desenvolvimento motor, também chamado de *domínio psicomotor*, envolve o processo de mudança e estabilização na estrutura física e na função neuromuscular.

> O desenvolvimento motor é um longo processo que dura a vida toda e envolve todas as mudanças físicas, as estabilizações, as aquisições ou as diminuições das habilidades motoras.

O desenvolvimento motor da criança inclui o desenvolvimento categorizado das capacidades físicas e das habilidades motoras a partir dos atos motores. Porém, não podemos percebê-lo isolado dos outros processos do desenvolvimento (cognitivo, afetivo e socioemocional).

Assim, o desenvolvimento motor deve ser compreendido, conforme Franch (2006, p. 94, tradução nossa), como "fenômeno de natureza dinâmica e significativa, que se manifesta de forma orgânica, física e psíquica com as funções: adaptativa, relacional, comunicativa e cognitiva, a partir da interação com diferentes âmbitos da conduta humana".

Segundo os norte-americanos Gallahue e Ozmun (2005), as capacidades físicas são associadas à realização de tarefas motoras, sendo que essas habilidades envolvem categorias de movimento de locomoção, de manipulação e de estabilização. No entanto, para que o desenvolvimento motor se aprimore, o movimento – o qual compreende a ação do corpo e a capacidade de se mover voluntariamente, favorecendo a locomoção, a agilidade e a destreza corporal – passa por fases em sua evolução.

1.2
Fases do movimento em sua evolução ontogenética

O desenvolvimento motor se inicia na vida intrauterina. Existem muitos estudos a respeito do desenvolvimento humano, como os de Valente (2006), que contêm importantes dados confirmando isso. O autor afirma que as primeiras experiências do início do desenvolvimento pertencem à vida no interior do útero, na qual os estímulos provém tanto do meio uterino e de si próprio como do meio extrauterino. Estudos como os de De Vries, Visser e Prechtl (1982, 1985) e de Santos e Campos (2006) validam o de Valente e apontam o desenvolvimento motor fetal, citando, por exemplo, que na nona semana gestacional o feto já abre e fecha a boca, ou que entre a nona e a décima sexta semana gestacional é possível identificar movimentos corporais gerais e movimentos assimétricos de extensão de braços ou pernas. Szaniecki (1995) ainda indica que a motilidade espontânea (movimento dos membros, do tronco e da coluna vertebral) começa por volta da sétima e da oitava semana após a concepção.

Da mesma forma, para que possamos compreender a evolução motora do ser humano – intitulada de *evolução ontogenética* – do seu nascimento à sua maior idade, torna-se fundamental compreender como o movimento se organiza, desde o movimento reflexo até o automático, visto que esse processo se manterá presente em variadas ações ao longo de nossa vida.

Movimento reflexo

O estágio mais primitivo refere-se à fase dos movimentos reflexos, ou seja, nos primeiros meses estará associada a pouca maturação neurológica, revelando ações de resposta ao meio com pouca qualidade.

Os movimentos são executados "independentes da nossa vontade e muitas vezes sem que dele tenhamos conhecimento (no aspecto cognitivo e no socioafetivo)" (Bueno, 1998, p. 17).

Mas, se são primitivos, qual o seu valor na evolução motora? Respondendo à questão de forma ampla, podemos dizer que são os atos reflexos os caracterizantes dos futuros atos voluntários, formando a base para todo o desenvolvimento motor posterior. Conforme Bueno (1998, p. 18), "por meio da atividade reflexa, a criança ganha informações sobre o meio ambiente externo, reagindo ao toque, à luz e ao som [...]. Esses movimentos involuntários imprimirão nesse corpo sensações prazerosas e desprazerosas, as quais auxiliarão a aprendizagem futura de novos conceitos".

Movimento voluntário

O segundo estágio é a fase dos movimentos voluntários, que abrange as ações controladas e que tem como objetivo a realização das ações intencionais e dos movimentos aprendidos. Primeiramente, ocorre um desejo, uma intenção e, por fim, a execução do movimento para atingir o objetivo. São exemplos de movimentos voluntários andar até determinado ponto, pegar com a mão um objeto desejado, escrever uma ideia em um papel.

Movimentos automáticos

O terceiro estágio é a fase dos movimentos automáticos, mas que em sua ação acabam sendo intermediários entre as atividades reflexas e as voluntárias e, dependendo da complexidade dos movimentos, ocorrerão a partir dos gestos controlados. Por isso, podemos dizer que eles não são inatos nem inteiramente independentes de nossa vontade como os movimentos reflexos, pois podem ser modificados ou interrompidos a qualquer momento. Enquanto executados, muitas vezes não necessitam do nosso controle consciente.

No ato motor – que para nós é psicomotor, pois envolve o movimento associado à compreensão e aos sentimentos –, a evolução ocorre num processo conjunto de todos os aspectos (motor, intelectual, emocional, expressivo e social) associados, desde o nascimento até a morte, completando uma etapa maturacional por volta dos 12 anos. A partir de então, tal etapa continua sendo desenvolvida na fase adolescente e na vida adulta e, posteriormente, passando por um processo de involução psicomotora, nomeado por Fonseca (1998) como *retrogênese*.

1.3
Princípios da evolução motora

No processo de compreensão da deficiência[1], devemos observar o período de desenvolvimento infantil, ou seja, as etapas de desenvolvimento na infância, nas quais se revelará o movimento motor esperado para cada idade. Dizemos *revelará* porque são marcos

---

1 Deficiência, nesse livro, é entendida como a "variedade de condições não sensoriais que afetam o indivíduo em termos de mobilidade, de coordenação motora geral ou da fala, como decorrência de lesões neurológicas, neuromusculares e ortopédicas, ou, ainda, de malformações congênitas ou adquiridas" (Brasil, 2003).

esperados pela família. Podemos citar, como exemplo, o sentar, o engatinhar, o andar, pois normalmente os pais sabem a idade próxima para que estes eventos ocorram, mas não o momento exato.

Podemos trazer à memória, por exemplo, muitas situações vividas em nossa infância: quando aprendemos a andar de bicicleta, a jogar futebol, a brincar de pega-pega, a dançar nas atividades lúdicas da escola, entre outras. Nelas, observamos que, por meio dos movimentos, conquistamos etapas sucessivas. No entanto, cada uma delas só foi possível de ser alcançada porque houve, ao longo do crescimento, uma apropriação de algumas etapas ou estágios de maturação e desenvolvimento. Estes são regidos por alguns princípios ou leis, os quais nos permite compreender em que fase do movimento cada indivíduo se encontra, bem como entender os pré-requisitos necessários para a aquisição das etapas seguintes, isto é, aprimorar os movimentos e a construção de ações mais harmônicas. Esses princípios e leis ocorrem de forma integrada em cada etapa do processo de desenvolvimento infantil e garantem o aprimoramento contínuo do movimento. Por isso que, independentemente da idade, sempre precisamos nos exercitar.

É importante esclarecer que existem muitos estudos sobre as etapas do desenvolvimento motor e que nem todos referendam os princípios a seguir relacionados. Alguns deles, como os de Thelen e Ulrich (1991), publicados a partir de 1983, apontam algumas contribuições e diferenças sobre a aplicação destas leis voltadas para o desenvolvimento motor, pois compreendem o sistema motor de forma dinâmica e, por isso, o desenvolvimento pode seguir outras formas em seus estágios.

A partir de 1970, Bronfenbrenner (1996, p. 5) apresentou os pressupostos da abordagem ecológica na qual o desenvolvimento é entendido como "uma mudança duradoura na maneira pela qual uma pessoa percebe e lida com o seu ambiente", isto é, o modo como cada criança é estimulada e interage nos diferentes contextos nos quais convive pode determinar variações em seu processo de desenvolvimento. O ambiente sofre alterações decorrentes das interações dos indivíduos assim como influencia novas mudanças.

Porém, os princípios ou leis (céfalo-caudal, próximo-distal, geral para o específico) auxiliam – por fazerem parte da teoria clássica do desenvolvimento e terem uma sistemática mais fácil e clara – a compreensão do processo de desenvolvimento das crianças com deficiência motora pelo leitor, sobretudo pelos educadores e pais. Sendo assim, optamos por apresentá-los neste estudo. Ao indicá-los, não pretendemos contrariar o entendimento do desenvolvimento humano em uma perspectiva abrangente, como a ecológica, indicada por Bronfenbrenner, mas, sim, apresentar brevemente as etapas do desenvolvimento motor.

Lei céfalo-caudal

Este princípio postula que o processo de desenvolvimento é ordenado e previsível, sendo que as primeiras aquisições motoras e de maturação iniciam-se na região da cabeça e evoluem em direção aos pés. Em outras palavras, os primeiros movimentos ordenados são os movimentos da região da boca, dos olhos e finalmente da cabeça. Depois seguem os movimentos ordenados de braços, do tronco e, por último, das pernas e dos pés (Bueno, 1998).

> *Primeiramente controla os olhos e progressivamente, percebe, estabelece contato, busca e fixa a visão; depois percebe as mãos e, aos poucos, descobre o poder de preensão e força que elas têm para pegar, agarrar, puxar, manipular; com ajuda dos braços busca alcançar, apoiar, e, futuramente, passa a ter domínio das pernas e dos pés usando-os em seu benefício para exploração do meio. Assim, um bebê, primeiramente, vê um objeto, para depois poder alcançá-lo com as mãos; controla primeiro a cabeça, depois o tronco, e a seguir, aprende a sentar, e assim sucessivamente; aprende a fazer muitas coisas com as mãos bem antes de andar.* (Brasil, 2006, p. 29)

Essa sequência de ações da lei céfalo-caudal garantem ao bebê elevar sua cabeça para depois sentar; e, a um idoso, com limites motores em seus movimentos, elevar sua cabeça para depois rolar e, em seguida, sentar na cama para poder levantar. É o mesmo processo nos dois casos.

Lei próximo-distal

A referida lei aponta que o desenvolvimento ocorre partindo da região central do corpo, ou seja, do eixo para as extremidades. Portanto, o controle dos movimentos processa-se do tronco para os braços, mãos e dedos (Bueno, 1998). Como exemplo, podemos citar um bebê em seus primeiros meses de vida, quando, ao mover seu corpo, bate sem perceber no móbile colocado em seu berço. Posteriormente, quando ele já consegue sentar com autonomia, utilizará somente o movimento dos braços para alcançar um chocalho, por exemplo; mais tarde, quando for desenhar sentado em frente a uma mesa, somente seu punho e dedos se movimentarão para que o desenho imaginado se transforme em um grafismo compreensível.

Desenvolvimento geral para específico

Tal princípio estabelece que haverá o controle da musculatura grossa antes da musculatura fina – por exemplo, os movimentos que utilizam os grandes músculos, como a ação de rastejar ou engatinhar, ocorrerão antes da utilização dos pequenos músculos, como os usados para agarrar e encaixar peças pequenas – refletindo em movimentos mais generalizados e simples para ocorrerem, em seguida, movimentos mais refinados e complexos.

Por exemplo, ao observar o andar de uma criança com 11 meses, percebemos que ela se desloca lateralmente, executando movimentos arrastados sempre com o apoio dos braços na parede ou em um móvel que lhe dê apoio (Figura 1.1, fase 1), o que demonstra que seu desenvolvimento ainda depende dos membros superiores, conforme observamos na lei céfalo-caudal. Posteriormente, a criança consegue deslocar-se de um ponto a outro (Figura 1.1, fase 2), quando então é capaz de dissociar os membros superiores dos inferiores e efetuar o movimento de báscula de quadril, necessário para a marcha (desenvolvimento específico). A partir disso, movimenta-se com autonomia (Figura 1.1, fase 3), mantendo os braços abaixados.

Figura 1.1 –
Fases do andar da criança

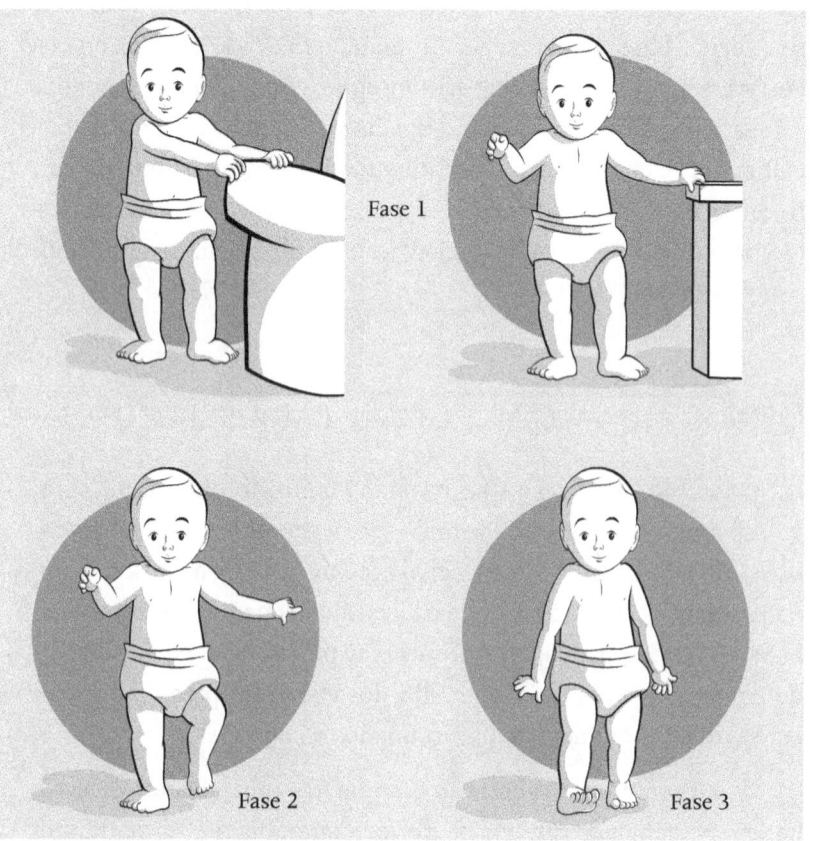

1.4
DA ESTIMULAÇÃO AO DESENVOLVIMENTO

A estimulação psicomotora é um campo de intervenção amplamente estudado, sendo também referenciado no Brasil como *estimulação precoce* e *estimulação essencial*. Tais derivam dos termos americanos *early stimulation* ou *early intervention*, e dos espanhóis *estimulación temprana* ou *estimulación precóz*. Esses estudos advém da intervenção voltada a crianças entre 0 e 3 anos – porém, ao longo da evolução dos estudos nessa área, atualmente estende-se a crianças entre 0 e 6 anos – e representa um "conjunto dinâmico de atividades e de recursos humanos e ambientais incentivadores que são destinados a proporcionar à criança, nos seus primeiros anos de vida, experiências significativas para alcançar pleno desenvolvimento no seu processo evolutivo" (Brasil, 1995, p. 10).

As primeiras e as poucas publicações existentes referem-se à estimulação precoce como componente terapêutico que visa intervir nas dificuldades de desenvolvimento no processo evolutivo da criança (Brasil, 1995; Brazelton; Greenspan, 2002; Barbosa; Formiga; Linhares, 2007; Saccani et al. 2007), sendo poucas as publicações existentes voltadas para a educação (Heese, 1986; Bueno, 1998; Bolsanello, 2003; OMS, 2005).

No decorrer do livro, estamos focados na concepção da educação, a qual busca propiciar condições para um adequado desenvolvimento das crianças no processo evolutivo, destacando a importância de tanto o educador quanto os pais compreenderem os seus papéis na estimulação delas. Ou seja, a estimulação terapêutica realizada por profissionais especializados nessa área preocupa-se em intervir em uma determinada etapa considerada abaixo do esperado no desenvolvimento daquela faixa etária. Já a estimulação na concepção educacional pode ser realizada tanto pelos profissionais citados quanto por pais e professores e busca oferecer condições para o desenvolvimento integral da criança.

Sendo assim, a seguir, no próximo capítulo, apresentaremos em quadros uma breve comparação do desenvolvimento motor entre diferentes idades, de forma que seja possível acompanhar como ocorre a evolução motora para quem apresenta ou não alguma deficiência.

Inserimos, ainda, sugestões práticas de estimulação, as quais, em sua maioria, requerem não mais que amor e boa vontade de realizar adequadamente os estímulos indicados. Dessa forma, é possível favorecer o desenvolvimento da criança com ou sem deficiência motora.

HISTÓRIAS QUE ENSINAM

GABI: uma história verdadeira. Direção: Luis Mandoki. EUA: TriStar Pictures, 1987. 110 min.

2

Desenvolvimento motor e deficiência motora

Neste capítulo, trataremos da relação entre o desenvolvimento motor e a estimulação. Apresentaremos de forma sucinta algumas etapas do desenvolvimento que ocorrem na vida da criança. É sobre elas que médicos, profissionais e pais se apoiam para compreender em que etapa da evolução a criança se encontra.

A deficiência motora está inserida no campo da educação especial e inclusiva e envolve o universo dos indivíduos que, por variadas causas e acometimentos, possuem limitações na apropriação das estimulações oferecidas pelo mundo e nas possibilidades de explorar as suas motivações e centros de interesse.

A deficiência motora envolve um amplo campo e refere-se a várias patologias: musculares, articulares, ósseas e neurológicas (como será visto nos capítulos 3 e 4). A maior parte das pessoas com esse tipo de deficiência possui alterações de postura, de tônus muscular e atraso motor, com pouca mobilidade nas primeiras fases de desenvolvimento. Os movimentos que efetuam são em amplitude e variedade diminuídos, prejudicando as inúmeras experiências sensório-motoras que caracterizam a primeira fase do desenvolvimento (0 a 3 anos de idade), essenciais na construção das próximas etapas.

Os indivíduos com alterações musculares e posturais possuem prejuízos em sua coordenação motora e no seu equilíbrio, com instabilidades tônicas, bem como enfraquecimento muscular, acometendo a amplitude dos movimentos e o controle dos segmentos corporais. Em outras palavras, todas as tentativas de estabilização no solo com movimentos que buscam sustentar-se, seja no rastejar e no sentar, seja no engatinhar e no andar, serão prejudicadas ou tardias. Assim, muitas vezes, o pensamento comandará a ação de deslocar-se até um determinado objeto, mas a ação corporal não corresponderá; como consequência, a criança cairá ou executará gestos imprecisos. Ao longo do crescimento, essas falhas sofrerão compensações através de movimentos carregados de tensão ou de contraturas (enrijecimento), acarretando novos movimentos dissonantes. Por exemplo, a criança com comprometimentos em seu desenvolvimento motor conseguirá escrever em caixa alta e com letra ampliada, mas quando houver a necessidade de aprender a escrita manuscrita e usá-la para produções de texto, apresentará limitações, dificuldades na execução e até impossibilidade de corresponder ou acompanhar a aula no mesmo ritmo que os demais.

Estudaremos, nos quadros a seguir, o desenvolvimento motor esperado para cada fase evolutiva de crianças com ou sem deficiência, a qual pode ser sensorial (quando afeta os sentidos, como a visão e audição, por exemplo), motora (quando afeta o controle voluntário dos movimentos) e comportamental (quando afeta o comportamento – como o nome sugere – e as atitudes frente ao meio).

A fase evolutiva é compreendida como uma organização funcional e estrutural da criança associada à temporalidade, sobre a qual ocorre o seu desenvolvimento. Ou seja, a criança vai conquistando e aprimorando as suas funções de mover-se e de interagir com o mundo e as pessoas, desenvolvendo as suas potencialidades advindas de sua carga genética ao longo do tempo. Assim, evolução refere-se à temporalidade; já o desenvolvimento envolve o processo da criança que se associa ao seu crescimento (evolução orgânica) e à sua maturação (evolução relacionada à interação com o meio e os processos neurológicos).

No processo do desenvolvimento motor, profissionais da neurologia, da psiquiatria e da neurofisiologia trouxeram importantes contribuições para a compreensão da evolução motora e, posteriormente, da deficiência. Meinel e Schanabel (1984), Masson (1985), Tani et al. (1988), Bueno (1998) e Fonseca (1998) nos relatam minuciosamente etapas do desenvolvimento, as quais, na sequência, apresentaremos de forma sintética. Essas etapas do desenvolvimento foram inicialmente estudadas e elaboradas por inúmeros autores, sobretudo na virada do século XX, citando entre eles Gesell (1960, 1996), Wallon (1966, 1975, 1979, 1995, 2000), Freud (1969), Piaget (1971, 1982, 1986) e Vygotsky (1989, 1991, 1994).

A partir desses estudos, muitas pesquisas foram desenvolvidas e algumas escalas de desenvolvimento foram apresentadas. Porém, é importante ressaltar que nenhuma fase é pontual, tomando como exemplo a etapa do andar. Uma criança pode dar passos tanto com 10 meses, quanto com 12 meses ou mais, e mesmo as escalas de desenvolvimento são flexíveis nesse intervalo entre uma aquisição e outra.

Partindo do pressuposto de que as conquistas motoras para cada idade decorrem de muitas variáveis (crescimento, estimulação ambiental, educação, maturação), afirmamos que a família e os profissionais envolvidos podem se tornar grandes facilitadores.

O processo de desenvolvimento se inicia logo na concepção e segue até a morte. Desse modo, na ontogênese – eixo temporal da vida de uma pessoa –, as transformações que a criança sofre na progressão entre a fase infantil e a fase adulta respeitam uma ordem e uma coerência, revelando características concretas no corpo, de acordo com a etapa em que cada pessoa se encontra. Mesmo sendo variável de uma criança para outra, os estágios evolutivos seguem uma ordem no desenvolvimento, e, ainda que ela não tenha algum tipo de deficiência, em algum momento de sua vida, de forma temporária, poderá ter comprometimento em seu desenvolvimento devido a alguma doença, fratura ou intercorrências familiares. Assim, solicitar uma avaliação psicomotora – com os possíveis encaminhamentos quando houver necessidade – é importantíssimo para a compreensão e o acompanhamento do desenvolvimento.

Com a preocupação de entender o processo que resulta nas mudanças citadas, podemos considerar que a sequência evolutiva de desenvolvimento motor resultaria das alterações na capacidade de controlar movimentos. Como exemplo, nos primeiros meses de vida, a criança inicialmente realiza a preensão palmar quando agarra os objetos; mais tarde, além da preensão, terá controle voluntário de seu braço e punho, e conseguirá segurar um lápis ou realizar traços compreensíveis.

Existem várias etapas de aquisição de habilidades motoras ao longo da vida e, consequentemente, "a aquisição de padrões fundamentais de movimento torna-se de vital importância para o desenvolvimento da criança, como em particular às atividades motoras na educação física" (Oliveira, 2002, p. 37).

A seguir, apresentamos quadros nos quais, de forma geral, indica-se o desenvolvimento esperado em determinadas etapas do crescimento de crianças com ou sem deficiência. É importante esclarecer que existem vários tipos de deficiência motora e que, dependendo da deficiência, os quadros típicos e atípicos podem se alterar, sendo alguns aspectos mais ou menos predominantes do que outros (como veremos adiante nos capítulos 3 e 4).

Os quadros, construídos com base em diversos autores – como Gesell (1960, 1996), Brasil (1998), Bueno (1998) e Castro (2005) – comentam sobre questões motoras, aspectos de socialização e de linguagem de forma geral, visto que essas atitudes estão relacionadas aos movimentos e atitudes da criança.

Na área de socialização, na qual a criança percebe que faz parte do ambiente e que pode interferir nele, apresentamos ações que envolvem os comportamentos do viver e do interagir com outras pessoas, que implicam a maneira como a criança brinca e corresponde aos relacionamentos com os pais, parentes, amigos e terapeutas. Na área da linguagem, apresentamos dados de como a criança recebe os sons, as palavras e os estímulos, e como ela responde a este último, com emissões sonoras, palavras e frases.

De acordo com Vigotsky (1989), a construção da linguagem e da sociabilização estão relacionadas à estruturação do pensamento, e todas têm relação com a área motora desde as primeiras ações organizadas do bebê. A partir da ação motora rudimentar e dos pequenos balbucios, a criança vai amadurecendo neurologicamente seu sistema nervoso e determinadas áreas cerebrais, responsáveis pela linguagem, darão vazão à fala propriamente dita, a qual estará relacionada ao aspecto social, à interação com os objetos e às descobertas advindas dessa experimentação.

É importante esclarecer que a intenção aqui não é aprofundar o estudo nessas áreas (linguagem e social). No entanto, como o desenvolvimento motor está associado a elas, sobretudo quando a criança ainda utiliza as bases motoras para se expressar, precisamos indicá-las para a melhor compreensão do desenvolvimento.

Outro item importante a destacar é que os quadros apresentam resumidamente como ocorre o desenvolvimento das crianças em determinado momento do seu crescimento. A divisão em grupos (crianças com e sem deficiência) foi realizada para fins didáticos, por entendermos que facilita a compreensão do processo e das sugestões de estimulação e intervenção.

Algumas orientações são específicas para crianças com deficiência e outras se aplicam para os dois grupos. Os quadros não devem ser utilizados para avaliar se uma criança possui ou não deficiência, pois, além de esta não ser a proposta, eles não oferecem fundamentos teóricos e práticos para tal. Ademais, esse tipo de avaliação cabe a uma equipe de profissionais da área que utilizará a metodologia com instrumentos científicos adequados. Como já dito anteriormente, os itens e as escalas apresentados são flexíveis e podem mudar de criança para criança. Sendo assim, uma criança com deficiência motora pode apresentar a evolução indicada a uma criança sem deficiência motora e vice-versa.

Existe uma forte relação entre a evolução motora e a deficiência. Essa relação deve ser compreendida a partir da interação do indivíduo com o meio e com o grau de maturação apresentada.

Por isso, é bom lembrar que nem toda pessoa com atraso em seu desenvolvimento necessariamente possui deficiência. Somente conhecendo o seu processo de desenvolvimento motor em cada etapa é possível compreender como a criança aprende e age sobre o meio a partir de seus movimentos.

QUADRO 2.1 –
DESENVOLVIMENTO DE UM BEBÊ
NA FAIXA ETÁRIA DE 1 A 2 MESES

SEM DEFICIÊNCIA MOTORA	COM DEFICIÊNCIA MOTORA
Quando recém-nascido, o bebê ainda não consegue levantar a cabeça sozinho e, quando consegue, o faz apenas por alguns segundos. Ele olha para as coisas sem tocá-las e toca os objetos sem olhar para eles.	Tem dificuldade de levantar a cabeça e virá-la, de um lado para o outro, por conta das alterações reflexas, como o reflexo tônico cervical assimétrico alterado (também conhecido como RTCA). Nesta fase, segundo Leitão (1983, p. 27), "há predomínio do tono dos músculos flexores", ou seja, não se estabelece a eutonia – capacidade de contração e de relaxamento tônico.

(continua)

(Quadro 2.1 – conclusão)

	Por conta das limitações motoras, não é capaz de acompanhar com o olhar o movimento dos objetos, pois os braços, quando de bruços, ficam posicionados debaixo do corpo.

Prieto (2002, p. 18) comenta que o primeiro trimestre é regido por REFLEXOS ARCAICOS*[1] e que sua evolução se dará com a inter-relação com o meio, partindo de movimentos em massa, ou seja, sem nenhum controle da vontade de exercer movimentos e padrões voluntários, os quais permitirão o controle da postura e do controle tônico. Nesta fase, a criança aprenderá a rolar de decúbito dorsal para lateral (de costas para de lado).

Referindo-se à criança com deficiência motora, a evolução de um estágio a outro se encontra fixado em algum dos aspectos (físico, motor, cognitivo, emocional e social), ou seja, uma dessas áreas de desenvolvimento fará com que ela não evolua para a etapa seguinte, como a passagem do sentar com apoio para o sentar independente.

Como sugestão de trabalho, nesta fase, é necessário movimentar o bebê, com cuidado, virando-o lenta e carinhosamente de bruços para de costas, e tocá-lo, massageando seu corpo de forma afetiva, para motivar o desenvolvimento. Além disso, é o momento de realizar uma avaliação mais precisa e, se necessário, encaminhar para um fisioterapeuta, o qual ajudará a inibir reflexos e também promoverá manobras motoras para favorecer a evolução motora.

---

1   A presença do símbolo * indica a inclusão do termo em questão no Glossário, ao final da obra.

Quadro 2.2 – Desenvolvimento de um bebê na faixa etária de 2 a 4 meses

Sem deficiência motora	Com deficiência motora
Os movimentos são em bloco ou "de massa", conforme nomeou Peiper, citado por Meinel e Schanabel (1984). Ou seja, são movimentos agitados, desordenados, que associam as grandes articulações do corpo, fazendo com que ele todo participe das ações. Contudo, o movimento de reflexo de preensão da mão – aquele que permite que este membro se feche e depois de algum tempo se abra devido a um determinado estímulo externo (toque, sensação de frio, calor e textura) – já está presente. Essa sensação de abrir e fechar será captada pelo sistema nervoso central (SNC) como uma sensação de movimento, e assim, a criança movimentará seu corpo para repetir a ação que lhe causou prazer, mesmo sem ter a maturação neurológica para tal, promovendo o movimento de todo o corpo. Esse reflexo "constitui uma das bases para o desenvolvimento da pegada objetiva, bem como para a adoção da postura ereta e para o movimento de progressão nos meses de vida seguinte" (Meinel; Schanabel, 1984, p. 261). Entre o segundo e o terceiro mês, o bebê já é capaz de elevar a cabeça quando de bruços e começa a tentar apoiar o seu tronco; no colo, já é capaz de manter a cabeça levantada. Consegue dirigir seu olhar para frente e para baixo, com controle dos músculos oculares. A partir do terceiro mês, o bebê começa a direcionar o olhar para o objeto e conduz a mão até ele realizando um toque ocasional, seguido de uma pegada do objeto intencional.	Tem poucos movimentos ativos e aciona somente as articulações do corpo que não foram afetadas. Assim, não há participação do corpo todo nas ações. Não consegue elevar a cabeça, quando de bruços, e por isso depende do adulto para mudar de posição. No colo, não consegue ficar com a cabeça elevada, pendendo-a para os lados e necessitando de apoio em sua nuca nessa posição. Não é capaz de dirigir seu olhar para o que deseja por conta dos desajustes nos reflexos e das contraturas, que impedem o movimento voluntário. A mão se encontra fechada, e por conta da tonicidade exagerada, o bebê não consegue segurar os objetos e nem dirigir sua mão para ele.

Apoiada em Piaget, Mendes (2001, p. 35) afirma que "os bebês repetem comportamentos agradáveis que primeiramente ocorrem por acaso (como sugar). Começam os gestos de virar a cabeça na direção de um ruído ou de seguir um objeto em movimento".

A partir do terceiro mês, o bebê começa a direcionar o olhar e a mão para pegar o objeto, ou seja, começa a ligar o "ver" com o "fazer". Quando um chocalho é visto pelo bebê, por exemplo, ele tenta mantê-lo dentro de seu campo de visão e exerce alguma ação. Os seus primeiros movimentos são de apenas acenar o braço, mas, posteriormente, a mão se abre e os dedos se curvam em torno do brinquedo. Quando o chocalho vibra e emite sons, a atenção do bebê se desloca do objeto para a sua mão. Assim, a coordenação vai sendo reforçada e aprendida, permitindo que a criança adquira a pegada objetiva, que é a possibilidade de agarrar os objetos intencionalmente. Mas ela somente descobre essa ação ocasionalmente, quando olha para um objeto, como um móbile, por exemplo, agita-se com o corpo todo sem ter imaginado tal ação, bate com as mãos nele e consegue segurá-lo por instantes. A partir de então, passa a tentar repetir a mesma ação, pois percebeu que algo semelhante ao que fez lhe trouxe a possibilidade de agarrar o objeto. Ao repetir tal movimento várias vezes, a sua percepção da ação vai se aprimorando até que a intenção objetiva transforma-se na ação desejada de agarrar o móbile.

Para o bebê com deficiência, nesta fase, além do atendimento fisioterápico, recomenda-se conversar muito com ele e chamar a sua atenção para os estímulos do meio, como cores, sons e luminosidade, sempre com muito afeto e contato corporal, e com momentos de aproximação e afastamento lentos, para que o bebê vá reconhecendo as nuances desse estímulo.

Quadro 2.3 –
Desenvolvimento de um bebê na faixa etária de 4 a 6 meses

Sem deficiência motora	Com deficiência motora
A sustentação e a elevação do tronco (quando o bebê está de bruços) passa a acontecer entre o terceiro e o quarto mês. Quando assim o consegue, seu olhar pode dirigir-se para frente, ampliando sua capacidade perceptiva. Tenta pegar um objeto e segurá-lo com ambas as mãos.	Tem muita dificuldade para segurar um objeto, pois dependendo da limitação motora, somente uma das mãos se mexe, ou nenhuma delas. É possível que nas primeiras tentativas de segurar um objeto manifeste a ataxia ou mesmo uma movimentação excessiva e sem controle, como nos atetósicos (esses movimentos serão estudados adiante).
Consegue segurar a mamadeira, se esta for colocada em sua mão.	Apresenta hipertonia (tensão excessiva), fazendo com que as mãos fiquem fechadas, impedindo-o de segurar os objetos que são colocados próximos a ele. Assim, pode não ser capaz de segurar a mamadeira.
Sentado, mantém a cabeça ereta e consegue se virar quando está de bruços.	
Em torno dos seis meses, o bebê começa a encolher as pernas para baixo da barriga. É o começo do preparo da posição de engatinhar. Entre os cinco e os sete meses, se o bebê estiver apoiado sobre seus braços, é capaz de ficar de pé, movimentando as pernas ainda aleatoriamente.	Não abre a mão para agarrar objetos e somente o fará se o adulto colocar o objeto em sua mão e o estimular a senti-lo por meio do tato.
	Não consegue sustentar a cabeça e, em consequência disso, o reflexo tônico labiríntico (que dá ao bebê a noção de que a cabeça balança) não entra em ação. A falta desse reflexo faz com que a criança não estenda o braço para se equilibrar, o que atrasará o movimento do rolar.
Sacode brinquedos como um chocalho e produz barulho. Às vezes sacode ao acaso, mas quando percebe que sua ação gera sons, fica feliz e tenta repetir a ação.	Dirige o olhar para o objeto algumas vezes, mas sem a movimentação da cabeça associada a esse movimento, limitando seu campo de visão.

Nesta fase, há a primeira descoberta do objeto. Wallon (1995, p. 195) comenta que a criança, ao esforçar-se para pegar um objeto e ao tocá-lo, "atrai sua atenção para o mesmo" e também para sua mão, contribuindo assim para a percepção de sua estrutura corporal e da estrutura do objeto. Também inicia a fase de reptação, ou seja, os movimentos de rastejar primários.

Com relação à criança com deficiência motora, é preciso estimulá-la na área motora conforme as orientações terapêuticas, sobretudo para que as mãos não se mantenham cerradas. Aconselha-se colocar objetos nas mãos, como uma bolinha macia, por exemplo, de maneira que elas abram e, assim, mantenham-se por um tempo.

QUADRO 2.4 –
DESENVOLVIMENTO DE UM BEBÊ
NA FAIXA ETÁRIA DE 6 A 9 MESES

SEM DEFICIÊNCIA MOTORA	COM DEFICIÊNCIA MOTORA
Consegue acenar com a mão e bater palmas. Começa a dizer |dá|, |pá|, |mã|.	Não consegue bater palmas, pois uma ou as duas mãos não se mexem e o braço que fica sempre estendido atrapalha e impede que a criança coordene ambas as mãos, sobretudo com os hemiplégicos (ver adiante). Em outras palavras, a sua coordenação é precária, já que não consegue, por exemplo, pegar um objeto como um bicho de pelúcia.
Senta com mais firmeza e é capaz de explorar os objetos, pois consegue liberar as mãos para agarrá-lo e transferi-lo de mão.	
A preensão segura – movimento intencional com a coordenação apropriada para atingir a intenção, como, por exemplo, pegar um determinado objeto do chão com as mãos – é alcançada entre o sétimo e o oitavo mês de vida.	
O bebê leva os dois braços para alcançar o objeto e, em seguida, passa a usar as mãos isoladamente. A primeira preensão é palmar, ou seja, os dedos comprimem o objeto na palma da mão.	Muitas vezes, a criança sequer consegue dissociar os movimentos entre ombros-braços-mãos e, assim, não é capaz de executar movimentos de preensão.
No nono mês, já consegue sentar-se sozinho, saindo sem ajuda da posição de bruços.	Como está sempre deitado, sua fixação ocular é dificultada.
Quando de bruços, descobre que pode se arrastar, fazendo mais força nos braços e movimentando inicialmente as pernas desordenadamente, sendo que a locomoção começa de forma tímida.	Depende dos outros para que alcancem os brinquedos e tem dificuldade em controlá-los em suas mãos.

(continua)

(Quadro 2.4 – conclusão)

Sem deficiência motora	Com deficiência motora
Quando um brinquedo está longe, se arrasta para pegá-lo, mas às vezes arrasta-se para trás. Gosta de balançar objetos para ouvir o barulho que fazem.	Percebe o barulho que os objetos fazem ao serem balançados próximos a ele e se agita como resposta ao estímulo.

A criança, em seu desenvolvimento, devido ao controle motor de liberar as mãos ao sentar, também passa a escolher qual movimento quer realizar frente ao objeto e consegue associar duas os mais ações em cadeia para obter o fim desejado (Brandão, 1984). Desse modo, começa a repetir movimentos que lhe causam prazer. Além disso, depois de sentar, perto do nono mês ela pode engatinhar.

Como recomendação de estimulação, sugere-se muita conversa com a criança para, assim, perceber quais são as suas reações, pois será possível ampliar os canais de comunicação com essa decodificação da família.

É preciso oferecer a ela objetos macios e grandes, alguns com peso, para que sinta a pressão e o volume deles, ampliando o registro de suas percepções. Sempre que possível, deite-a no chão em um colchonete, aumentando seu campo visual e permitindo que ela deseje explorar o ambiente, sentindo seu corpo no contato com o solo.

Quadro 2.5 –
Desenvolvimento de um bebê na faixa etária de 9 a 16 meses

Sem deficiência motora	Com deficiência motora
Entre o nono e o décimo mês ocorre a preensão do tipo *tesoura* ou *em pinça*, com o polegar e o indicador pressionando juntamente o objeto.	Não é capaz de realizar a preensão do tipo *em pinça*, muitas vezes realizando apenas *a palmar* (com as palmas das mãos).

(continua)

(Quadro 2.5 – continuação)

SEM DEFICIÊNCIA MOTORA	COM DEFICIÊNCIA MOTORA
Somente no final dos doze meses, o bebê executa a preensão do tipo *alicate*, ou seja, com o polegar associando-se à ponta do indicador e depois aos demais dedos. Nesta fase, percebe-se que os bebês esforçam-se por apreender – no sentido de se apropriar, segurar consigo – objetos minúsculos como farelos de pão, pedrinhas e semelhantes. Adquire a preferência manual, isto é, prefere executar determinadas ações mais com uma mão do que com a outra, como ao pegar o alimento.	Com isso, não consegue agarrar objetos pequenos como a chupeta nem ter autonomia na alimentação. Assim, não consegue segurar uma xícara e depende do adulto para se alimentar.
	Não consegue ficar em pé e nem efetuar o rolamento (de bruço para de costas e vice-versa).
	Geralmente entende o |dá| e o |não|, pois a limitação motora na maioria das vezes não prejudica sua capacidade de compreensão, e sim, precariza a verbalização.
Depois que é capaz de se agarrar no gradil do berço, o bebê impulsiona-se para cima e levanta-se, e assim fica em pé. Nesta etapa, descobre também que pode se ajoelhar para depois ficar de pé. Começa o movimento de trepar, e descobre, então, que o braço não funciona somente como apoio, mas também segura e mantém o corpo. O ficar em pé sozinho, desde que com apoio, é conquistado entre o décimo e o décimo segundo mês. Para andar com apoio, seus passos são laterais, quando agarrados no gradil. Gradativamente, o bebê se atreve a soltar uma das mãos e vai se direcionando para o alvo. No movimento de andar, nos primeiros passos sem ajuda, os movimentos de braços estão sempre em uma etapa acima do movimento das pernas. Ou seja, os passos são inseguros, amplos e dependentes dos braços, os quais, quando são abaixados, fazem com que o bebê caia sentado. Os primeiros passos livres acontecem em torno do primeiro ano, assemelhando-se mais a um tropeçar e a um cambalear do que a um andar.	
O levantar sem apoio ou sem segurar em objetos somente será conquistado	

(Quadro 2.5 – conclusão)

Sem deficiência motora	Com deficiência motora
depois do segundo ano de vida, quando seu andar já é ereto e a locomoção sem ajuda já é possível. Tenta comer sozinho com os dedos. Explora mais o ambiente. Compreende o |dá| e o |não|, e comunica-se com esses sons.	

Segundo Piaget, citado por Mendes (2001, p. 18) é a fase da inteligência prática ou sensório-motora. "Os bebês passam a interessar-se mais pelo ambiente e repetem ações que trazem resultados instigantes e prolongam experiências estimulantes. As ações são intencionais, mas inicialmente não orientadas a metas".

A conquista dos movimentos nesta fase está relacionada com a intencionalidade do movimento. O bebê não repete, apenas, o movimento, mas varia suas formas de agir, experimentando e percebendo novos resultados dessas variações. Até um ano de vida, o bebê vai conquistar a preensão objetiva de objetos, que já associa uma intenção prévia a partir de uma exploração livre e intencional do objeto. A criança se interessa, por exemplo, por canecas de tamanhos diferentes que se encaixam umas dentro das outras. Ela experimenta várias formas de agarrá-las aleatoriamente e depois de algum tempo escolhe qual caneca vai pegar, direcionando sua mão diretamente a ela.

Nesta fase, a marcha se desenvolve de uma fase rudimentar para um controle em que os braços se tornam autônomos, estendendo-se essas aquisições até cerca de 21 meses. Para promover o desenvolvimento motor esperado, é preciso provocar todo tipo de movimento (como rotações, trocas de posição, apoio em objetos e móveis fixos) para que se aperfeiçoem essas ações.

Nas crianças com deficiência motora, podemos estimular várias ações motoras com a orientação adequada para a capacidade da criança. Associado a isso, devemos sempre apresentar a ela os mesmos estímulos que seriam oferecidos a crianças que tem o desenvolvimento típico dessa idade.

Aconselha-se a promover a liberdade de movimentos, deixar o bebê com roupas leves e evitar enrolá-lo em cobertores, pois o espaço e o conforto podem favorecer as suas conquistas.

Na área fonoaudiológica, é importante que a família receba orientação quanto à alimentação (se pastosa ou sólida, se o líquido deve ser dado em copo ou mamadeira) e à forma de se alimentar, bem como a forma adequada de utilização da linguagem, para que a criança encontre referências positivas para progredir, mesmo com suas dificuldades motoras, ou seja, para que imite o recomendado e encontre os estímulos adequados que a motivem a desenvolver-se.

QUADRO 2.6 –
DESENVOLVIMENTO DE UM BEBÊ
NA FAIXA ETÁRIA DE 16 E 18 MESES

SEM DEFICIÊNCIA MOTORA	COM DEFICIÊNCIA MOTORA
Consegue apanhar a bola com as duas mãos e se desloca com ela, para depois soltá-la.	Não possui equilíbrio para ficar em pé.
Tira as meias e os sapatos e colabora quando alguém lhe veste.	Perto dos dois anos poderão aparecer os movimentos atetósicos/coreicos, principalmente na realização dos movimentos voluntários, como, por exemplo, quando a criança tem a intenção de chegar até um determinado brinquedo e tem que deslocar-se até ele. Leitão (1983) comenta também sobre possíveis reações como rotações ou giros sobre seu próprio corpo quando a criança manifesta a intenção de explorar algo e direciona a sua energia para tal ação.
Sobe escadas engatinhando e gosta de dar pequenas corridas, ainda sem controle para parar.	
Espalha brinquedos para brincar, realiza encaixes.	
Aponta alguns objetos e lhes dá nomes. Fala um grande número de palavras. Identifica as principais partes do corpo.	
	Tem dificuldade ou mesmo incapacidade de realizar encaixes de objetos e atirar bolas.

(continua)

(Quadro 2.6 – conclusão)

Sem deficiência motora	Com deficiência motora
	Sua linguagem geralmente é boa e consegue dar nomes aos objetos e identificá-los. Dependendo da gravidade do comprometimento motor, a criança pode identificar os objetos, mas não é capaz de expressar verbalmente sua compreensão, ou seja, não consegue falar, apesar de compreender.

A criança entre 16 e 18 meses adquire um andar mais automático, apesar de não haver harmonia, podendo normalmente cair sentada nos glúteos. Como descobriu o andar e o correr, não tem noção de perigo e vai experimentando os desafios motores, um atrás do outro. Dessa forma, os pais devem estar muito presentes e atentos para evitar os possíveis riscos reais.

Nessa idade, a criança é muito graciosa e imita pequenos gestos a cada pedido, como também realiza imitações espontâneas.

Para estimular a criança com deficiência, sugere-se criar circunstâncias que lhe causem interesse, como chamar a atenção para situações ou objetos ao seu redor de forma que ela possa se interessar e utilizar as suas capacidades motoras (ainda que limitadas) em busca de novas possibilidades, como elevar a cabeça, mover-se ou arrastar-se à sua maneira.

Quadro 2.7 –
Desenvolvimento de um bebê na faixa etária de 2 a 3 anos

Sem deficiência motora	Com deficiência motora
Coordena movimentos mais refinados, como desenhar com giz de cera e girar maçanetas. Sobe em móveis, assim como desce deles, e também salta e corre.	Não consegue sentar no penico ou no vaso sanitário, pois seu equilíbrio é ruim ou inexistente. Usa fraldas.
Em torno de dois anos e meio descobre o correr, ainda com desequilíbrio	Não consegue se manter numa mesma posição durante muito tempo.

(continua)

(Quadro 2.7 – conclusão)

Sem deficiência motora	Com deficiência motora
e movimentos irregulares. Ainda, é capaz de rolar para frente, com ajuda. Contudo, somente entre o quarto e o quinto ano estes movimentos serão bem controlados. Entre o segundo e terceiro ano, há um aumento da força, da velocidade e da proporção dos movimentos. Isso se reflete em muitas aquisições, como, por exemplo: na capacidade de subir e descer obstáculos com altura perto do quadril; na passada alternada na escada; no impulsionar (com a força nos braços) usado para subir em obstáculos como cadeiras, banco e similares; no pendurar-se em aparelhos acima de sua altura; no rodar, com o giro sobre seu eixo longitudinal (executado de forma precária e sem equilíbrio).	Apresenta movimentos involuntários que acarretam em expressões faciais exageradas. Entende tudo o que se relaciona à compreensão, como as conversas, e está atento ao que acontece ao seu redor. Porém, na expressão verbal, pode haver falta de coordenação na fala, nesse caso a criança necessita de um trabalho fonoaudiológico para o controle dos movimentos fonoarticulatórios e faciais, visto que sua produção verbal é mais difícil, lenta e arrastada, ou mesmo inexistente.
Consegue construir frases e compreende ordens que indicam duas ou três ações.	

Do primeiro ao terceiro ano, muitas aquisições ocorrem. Os movimentos se aprimoram e a criança aprende a andar, a correr, a equilibrar-se, a pular, a subir, a saltitar, a rodar, a empurrar, a puxar, a trepar, a pendurar, a balançar, a lançar, a saltar. O que diferencia o seu nível de habilidade é que no primeiro e no segundo ano os gestos são lentos em velocidade, fracos em potência, apertados e pequenos.

Crianças de um a três anos têm seu grande prazer, por exemplo, no engatinhar, no andar e no correr em torno de algo, sem ligar isso a qualquer objetivo. Elas puxam e empurram objetos de brinquedo, saltitam no lugar e em movimento, testam-se ao subir e pular para baixo, ao trepar e ao escorregar, apenas pelo prazer funcional e pela alegria de poder fazer (Meinel; Schanabel, 1984).

A criança, na área motora, inicia as primeiras dissociações entre braços e pernas, explorando intencionalmente os objetos. Aliás, é comum ver crianças sozinhas, sentadas e entretidas com seus brinquedos, explorando-os de diversas formas, sobretudo quando oferecem os movimentos de abrir e fechar, de encaixar, de colocar e tirar peças.

Como as crianças com dificuldades motoras[2] possuem limites em suas ações, pode ser que somente arrastem ou consigam ter alguma autonomia de braços e mãos se sustentadas em aparelhos ortopédicos. Mas essas possibilidades devem ser favorecidas, evitando colocá-los em carrinhos de bebê, bebês-conforto ou mesmo cadeiras de alimentação por muito tempo, pois nessas situações a criança fica limitada em explorar o mundo.

QUADRO 2.8 –
DESENVOLVIMENTO DE UMA CRIANÇA
NA FAIXA ETÁRIA DE 4 E 6 ANOS

SEM DEFICIÊNCIA MOTORA	COM DEFICIÊNCIA MOTORA
Saltita, corre à galope, anda sobre uma linha, escorrega e balança. Pedala triciclo, joga bola, coloca fio na agulha.	Começa a dar os primeiros passos se a deficiência for leve (ver estudo adiante). Quando a criança com deficiência motora anda, apresenta alterações em sua lateralidade e na relação com o tempo e espaço, pois seus deslocamentos são precários, podendo até andar, mas com instabilidade.
Adquire maior coordenação e controla seu corpo agindo coerentemente para se vestir, ir ao banheiro sozinho e tomar banho. Prefere brincar com os colegas e desenvolve o processo de socialização, interagindo com os demais.	Para comer, depende dos outros, ou come com colher adaptada.

---

2 Toda vez que utilizarmos o termo *dificuldade motora*, estaremos nos referindo aos limites nas ações e nos movimentos da criança que não impedem a sua execução definitiva. Ou seja, haverá fases em que sofrerá ao executar determinado movimento, porém, com um trabalho de estimulação, atingirá tal ação, como engatinhar, por exemplo.

Nessa faixa etária, a criança intensifica a sua percepção e harmonia corporal, desenvolvendo a lateralidade, a direcionalidade e precisão nas ações motoras, bem como a manipulação de objetos pequenos, aprimorando o grafismo na motricidade fina, por exemplo.

Se ela tem limitações de deslocamento, é preciso ter cautela nos estímulos apresentados em casa, não a mantendo apenas na frente da televisão, por conta de suas dificuldades em deslocar-se. A criança deve estar presente onde há movimento, deve estar entre os diálogos da família, transitar entre um cômodo e outro, ainda que sendo deslocada em sua cadeira de rodas.

QUADRO 2.9 –
DESENVOLVIMENTO DE UMA CRIANÇA
NA FAIXA ETÁRIA DE 7 A 9 ANOS

SEM DEFICIÊNCIA MOTORA	COM DEFICIÊNCIA MOTORA
Salta com um pé à frente do outro. Equilibra-se em uma trave. Age sobre os objetos, no espaço e no tempo com mais adequação. Combina várias habilidades e inicia o desenvolvimento das habilidades esportivas. É a fase da cooperação e da disciplina social.	Com tratamento fisioterápico constante, consegue estabelecer um padrão mínimo postural, com possibilidade de deslocamento. É capaz de alfabetizar-se, desde que com adaptações curriculares e de espaço físico. Como suas limitações motoras também reduzem as suas experiências, necessita dos colegas para desenvolver-se, pois através deles aprende muitas coisas que não conseguiria se estivesse só.

Nessa idade, a criança desenvolve suas habilidades motoras e incorpora a harmonia corporal: trota, salta em distância e em altura, desloca-se lateralmente e equilibra-se em uma trave suspensa.

Como sugestões de trabalho para a criança com deficiência, é importante explorar ao máximo todas as suas áreas preservadas, como os sentidos do tato, da audição e da visão, essenciais para a aquisição da linguagem e das funções corticais superiores, necessárias para a construção pedagógica e escolar. Jogos em grupo e atividades criativas devem estar sempre presentes, sugerimos a utilização de figuras que despertem a curiosidade destas crianças.

A criança com deficiência motora, com relação à expressão verbal, nem sempre atinge um grau compreensivo aos demais, por conta de uma fala pouco articulada. Por isso, é preciso estar atento ao nível de comunicação da criança, aproveitando as suas diversas formas de se comunicar e de apresentar os recursos de COMUNICAÇÃO ALTERNATIVA* e aumentativa para o auxílio de sua verbalização falha. É preferível que a criança use as suas possibilidades de expressão, mesmo em palavras isoladas ou frases curtas, mas bem articuladas, do que apresentar uma fala que se torna ininteligível e que prejudica a compreensão e o diálogo com os demais.

QUADRO 2.10 –
DESENVOLVIMENTO DE UMA CRIANÇA
NA FAIXA ETÁRIA DE 10 A 13 ANOS

SEM DEFICIÊNCIA MOTORA	COM DEFICIÊNCIA MOTORA
Combina movimentos e equilibra habilidade e força muscular, com ênfase nas habilidades esportivas avançadas.	Geralmente possui um padrão bem definido de potenciais e limites e o trabalho terapêutico de fisioterapia e terapia ocupacional determinarão o estágio de seu desenvolvimento.
Passa a ser mais exigente com suas realizações, comparando-se a crianças da mesma idade. Sua independência melhora, bem como sua socialização e senso de responsabilidade.	Pode possuir dependência física parcial em suas atividades de vida diária. Tem consciência de suas limitações e pode se ressentir com o preconceito dos colegas, porém, se bem orientado, supera e sociabiliza-se, acompanhando os colegas de sua idade.

A criança dessa idade se mobiliza com jogos motores que envolvam habilidades, desde o pular corda e andar de bicicleta até os jogos pré-desportivos em grupo como o vôlei e futebol. As meninas diferenciam-se dos meninos, seguindo para a dança e para atividades manuais de maior precisão, enquanto que eles se mantêm em jogos corporais e de contato, aperfeiçoando ainda mais a sua agilidade e força.

Já a criança com deficiência motora, apesar de suas impossibilidades, necessita estar em contato com seus colegas e aprende muito através dessa interação, envolvendo-se nas atividades através da fala e das manifestações sociais, à sua maneira. Aconselha-se conversações, leituras em voz alta, idas ao cinema e ao teatro para que a criança aproveite ao máximo as oportunidades e compartilhe dos estímulos do meio exterior.

QUADRO 2.11 –
DESENVOLVIMENTO NA ADOLESCÊNCIA

SEM DEFICIÊNCIA MOTORA	COM DEFICIÊNCIA MOTORA
Possui alta *performance* motora, buscando a prática de exercícios físicos e de esportes.	Devido às suas limitações motoras, necessita de constante trabalho terapêutico fisioterápico e de atividades motoras.
Fisicamente eclodem os caracteres sexuais, há a modificação da voz nos meninos e o alargamento dos quadris nas meninas. Há um crescimento físico intenso e o esquema corporal se modifica, com o corpo tomando novas formas.	Possui a mesma maturação sexual que os outros adolescentes, tendo apenas mais limitações físicas e motoras. O social perdura como ponto de importante inclusão social.

Deve-se ampliar as possibilidades de atividades externas. Para adolescentes com deficiência motora, buscar uma atividade física adaptada – como a natação ou o basquete em cadeira de rodas – é importantíssimo. Quando adulta, a pessoa com deficiência motora normalmente possui uma boa adaptabilidade social e profissional, devendo apenas manter a sua capacidade adaptativa e de reabilitação com atividades de alongamento, fisioterapia e atividade física constante. Na terceira idade, por conta de suas limitações, as alterações orgânicas, quando aparecem, são agravadas em relação a idosos sem a patologia.

Embora tenhamos iniciado a apresentação do desenvolvimento após o nascimento (com crianças com e sem deficiência), como vimos ao comentarmos sobre estimulação, sabemos que o desenvolvimento motor ocorre a partir da concepção, na vida intrauterina (Fonseca, 1998).

Com sete semanas de vida fetal, os reflexos espinhais já se encontram aptos a funcionar; com dez semanas, a medula espinhal já tem suas estruturas internas formadas, refletindo na manifestação dos primeiros movimentos fetais. Com catorze semanas de vida intrauterina, as vias sensoriais intersegmentares do cerebelo, necessárias para a integração do futuro equilíbrio, são constituídas. Nos quatro meses do feto, a função motora surge, e, a partir dos cinco meses, inicia-se a MIELINIZAÇÃO* das vias espinhais dorsais e o desenvolvimento da via piramidal a partir do córtex, seguindo a lei céfalo-caudal (apresentada anteriormente).

Porém, é a partir do nascimento que todo desenvolvimento da motricidade virá atrelado ao desenvolvimento e à maturação global, sobre o qual os estímulos advindos do meio e as manifestações de cada bebê determinarão as nuances de suas especificidades como sujeito, constituindo sua personalidade.

Nesse sentido, a maturação do cérebro forma-se a partir de uma influência dinâmica do meio que é determinante para a sua evolução. Na ordem maturacional, a linguagem deverá vir precedida pela motricidade, a qual está voltada a uma finalidade determinada, coordenando diversificadas funções para atingir essa finalidade. Ou seja, todas as regiões relacionadas à motricidade estabelecerão, cada uma, diferentes funções, atendendo às principais necessidades motoras dos indivíduos: o movimento dos grupos musculares, a formulação de movimentos motores complexos e a modulação da atividade motora ritmada e harmônica. Por exemplo, enquanto a criança brinca, além de agir sobre os objetos, com os quais interage, ela estrutura o conhecimento que tem deles. Assim, em um jogo de encaixe, quando ela percebe que o tamanho de uma peça cabe em determinado orifício e a coloca em posição adequada, age de acordo com as suas percepções, que se transformam neurologicamente em representações de forma, posição e tamanho (relação entre causa e efeito, entre outras). Dessa forma, a criança associa a memória de palavras correlatas como "vire a peça" ou "não cabe aqui" com ações motoras que a levam a mexer a peça até que a mesma se encaixe no orifício pretendido.

Entre as estruturas do cérebro humano voltadas para a organização motora, a parte anterior é conhecida como a metade motora, visto que tem como sua atividade principal a formulação e a execução (*praxia**) de atos motores voltados ao meio exterior.

Ao comentarmos que o cérebro é responsável pela formulação e produção de movimentos, referimo-nos a uma imensa complexidade, sobre a qual teceremos apenas algumas informações e alguns exemplos que se relacionam com a deficiência motora.

Sabemos que o cérebro é dividido em dois hemisférios, direito e esquerdo, sendo o primeiro responsável pelos conteúdos não verbais, pela integração motora e postural, pela criatividade e pela organização espacial. O hemisfério esquerdo é o centro da linguagem, da fala, das praxias e da estruturação temporal, prioritariamente (Bueno, 1998). Quando colocamos a metade motora do nosso cérebro a favor do movimento, não serão somente esses músculos os ativados para as nossas ações. Todos os nossos sentidos participarão ativamente dessa função, com os mecanismos motores incidindo na fala, cujos estímulos serão também utilizados para desenvolver e refinar os movimentos controlados (e voluntários) da criança (Luria, 1990). Como vimos, movimentos voluntários e controlados são aqueles sobre os quais somos capazes de agir com intenção para realizar um movimento almejado.

Através da contribuição dos sentidos, as informações sensoriais permitirão a estimulação das articulações e dos músculos necessários para desempenhar aquela determinada atividade motora. Somada à outra metade do cérebro (mais perceptiva e sensorial), esta estimulação propiciará novas informações as quais, se associadas a outras já impressas na memória, reexecutarão o movimento, corrigindo ou redefinindo a ação almejada. Tal aquisição representa a capacidade – entendida como o potencial inato que se concretiza em ação intencional – que nós, seres humanos, temos de aprimorar o movimento e transformá-lo em habilidade em pouco tempo, quando então não precisamos mais pensar sobre o movimento propriamente dito, automatizando processos motores. Na execução de um esporte, quando estamos na fase da aprendizagem, por exemplo, pensamos em cada parte do gesto e, à medida que vamos automatizando e transformando o gesto em uma habilidade, nossos planos motores se organizam sem que pensemos o tempo todo em cada passo de um gesto mais elaborado. Pensemos em um aprendiz de futebol no fundamento "chute ao gol" e em um atleta profissional no mesmo fundamento. Certamente o primeiro utilizará muito mais processos motores para essa execução quando comparado ao segundo, o qual estará mais focado no produto final (no gol) ao invés de se organizar passo a passo para uma boa execução.

O ato motor é fruto de muitas informações sensoriais, ou seja, o cérebro inteiro está envolvido no movimento. Sendo assim, de forma geral, podemos dizer que a maioria das pessoas com disfunções em seu sistema nervoso central, ou mesmo com lesões específicas, terão como manifestação corporal o agravamento ou mesmo a incapacidade em algum movimento, pois apresentarão algumas limitações sensoriais também.

A ação motora – também chamada de *ato motor*, como citado na sessão anterior – inclui desde a contração muscular e tônica, para o posicionamento de um membro ou de parte do corpo, até a estabilização da postura ereta. Envolve, ainda, os movimentos finos realizados de forma lenta, os movimentos rápidos ou balísticos. A falta de controle desses movimentos gera inúmeros distúrbios, até a deficiência motora.

Nesse sentido, o processo de desenvolvimento da pessoa com deficiência motora e a estimulação a ele apresentada terá que contemplar constantemente a relação entre as limitações ocasionadas pela lesão ou disfunção – que acarretaram a determinada deficiência motora – e a maturação orgânica dessa pessoa – a qual varia de pessoa para pessoa por conta de sua genética pessoal. Além disso, dependerá dos estímulos vindos do meio para favorecer esse desenvolvimento.

Observaremos, no próximo capítulo, que a pessoa com deficiência motora possui diferentes necessidades, dependendo das características da deficiência. Conhecer essas variações é muito importante para promover o seu desenvolvimento.

HISTÓRIAS QUE ENSINAM

MEU pé esquerdo. Direção: Jim Sheridan. Produção: Noel Pearson. Irlanda: Miramax Films, 1989. 103 min.

3

Deficiência motora

No presente capítulo, iniciaremos o conteúdo contextualizando a deficiência. Conheceremos os seus tipos e nos aprofundaremos na deficiência motora, explicitando-a com maiores detalhes e conhecendo suas causas.

Estabelecemos o termo *deficiência motora*, compreendendo-o como o universo de pessoas que possuem alterações na mobilidade e na coordenação, desde alterações parciais que geram um andar imperfeito ou dificuldades de segurar um copo, por exemplo, até as de maior complexidade, como a impossibilidade de andar ou de movimentar os braços e pernas.

É importante observar que a deficiência motora faz parte de um universo específico dentro da deficiência – visual, auditiva, mental, física etc. – relacionada aos aspectos que acometem a área da mobilidade, especificamente.

Assim, entendemos ser necessário compreender essa área maior da deficiência em geral para depois focalizarmos na deficiência motora. Delimitaremos nossas análises e exemplos na realidade brasileira, com o objetivo de concretizar a realidade dessa deficiência no contexto nacional e, desse modo, oferecer instrumentos ao leitor para o convívio com essas pessoas.

Segundo a Classificação Internacional de Funcionalidade, Deficiência e Saúde (CIF)[1], deficiência é definido como "problemas nas funções ou na estrutura do corpo, tais como um desvio importante ou uma perda" (OMS, 2003, p. 13).

É importante esclarecer que a CIF não descreve a restrição funcional da doença e não evidencia o impacto dela na qualidade de vida da pessoa com limitações, e, sim, "apenas informa sobre a funcionalidade e permite assim uma visão ampla e significativa do estado de saúde da pessoa, facilitando a decisão sobre o tipo de intervenção que será realizada" (Simões, 2008, p. 19).

O Decreto n. 3.298/1999[2] – que regulamenta a Lei n. 7.853/1989, a qual dispõe sobre a Política Nacional para a Integração da Pessoa Portadora de Deficiência –, em seu artigo 3º, inciso I, considera como deficiência "toda perda ou anormalidade de uma estrutura ou função psicológica, fisiológica ou anatômica que gere incapacidade para o desempenho de atividade, dentro do padrão considerado normal para o ser humano". Os incisos II e III do artigo 3º consideram as deficiências em "permanentes" e "incapacidades", a primeira associada às deficiências em que a

---

1   Esta denominação substituiu a de 1980: Classificação Internacional de Impedimentos, Deficiências e Incapacidades.

2   O Decreto n. 3.298, de 20 de dezembro de 1999, está disponível em: <http://www.planalto.gov.br/ccivil_03/decreto/D3298.htm>.

recuperação de movimentos ou alteração do estado funcional não é mais possível, e a segunda associada às reduções da capacidade de integração social, refletindo em prejuízos no desempenho de suas funções ou atividades (Brasil, 1999).

Segundo o Decreto n. 5.296/2004[3] (art. 5º, § 1º, I) – que regulamenta as Leis n. 10.048/2000 e n. 10.098/2000 sobre os critérios para a promoção da acessibilidade – é considerada pessoa com deficiência aquela que possui "limitação ou incapacidade para o desempenho de atividade". As deficiências, nesse artigo, são enquadradas nas seguintes categorias: física, auditiva, visual, mental e múltipla (Brasil, 2004a).

A deficiência física, como o próprio nome diz, envolve os indivíduos que possuem perdas ou falhas que acometem o seu desempenho físico. A deficiência auditiva envolve perdas ou falhas na percepção do som e na acuidade auditiva, prejudicando a comunicação e a fala, principalmente. A deficiência visual refere-se às perdas totais ou parciais da visão, de modo que reflitam em suas funções diárias. A deficiência mental envolve o "funcionamento intelectual significativamente inferior à média". E a deficiência múltipla refere-se à associação de duas ou mais deficiências, das anteriormente apontadas, incluindo também os quadros de síndromes e de acometimentos em áreas socioemocionais e de interação social, como o autismo (Brasil, 2004a).

---

3   O Decreto n. 5.296, de 2 de dezembro de 2004, está disponível em: <http://www.planalto.gov.br/ccivil/_ato2004-2006/2004/Decreto/D5296.htm>.

3.1
Deficiência física e deficiência motora

A deficiência motora, no Decreto n. 5.296/2004, é definida como parte da deficiência física. Assim, é preciso compreender o que diferencia uma da outra. Conforme esse mesmo Decreto (art. 5º, § 1º, I, a), deficiência física é:

> [uma] alteração completa ou parcial de um ou mais segmentos do corpo humano, acarretando o comprometimento da função física, apresentando-se sob a forma de paraplegia, paraparesia, monoplegia, monoparesia, tetraparesia, tetraplegia, triplegia, triparesia, hemiplegia, hemiparesia, ostomia, amputação ou ausência de membro, paralisia cerebral, nanismo, membros com deformidade congênita ou adquirida, exceto as deformidades estéticas e as que não produzam dificuldades para o desempenho de funções [...].[4]

Já a deficiência motora envolve indivíduos que apresentam uma variedade de condições neurossensoriais que interferem na mobilidade, na coordenação motora geral ou na fala, como decorrência de lesões nervosas, neuromusculares e osteoarticulares ou, ainda, de má-formação congênita ou adquirida (IBGE, 2000).

Ou seja, tanto a deficiência física quanto a deficiência motora alteram a motricidade e a coordenação em geral, interferindo em sua mobilidade e suas funções. Nesse contexto, tem-se ainda o conceito de mobilidade reduzida, que não se enquadra na deficiência motora.

Conforme o Decreto n. 5.296/2004 (art. 5º, § 1º, II), a pessoa com mobilidade reduzida é aquela que "não se enquadrando no conceito de pessoa portadora de deficiência, tenha, por qualquer motivo, dificuldade de movimentar-se, permanente ou

---

4 Esses termos serão explicados no glossário.

temporariamente, gerando redução efetiva da mobilidade, flexibilidade, coordenação motora e percepção".

Esta população, com deficiência motora e com mobilidade reduzida, é abordada neste capítulo a partir do momento em que apresenta dificuldades de locomoção e restrições motoras que interferem na sua adaptação escolar.

Em termos de nomenclatura, sabe-se que comumente há muitas confusões entre as definições sobre deficiência motora e deficiência física.

Entendemos que a DEFICIÊNCIA MOTORA envolve um prejuízo motor, advindo de um dano ou de uma incompetência, que restringe ou impede a desenvoltura motora da pessoa. Refere-se, então, ao acometimento da atividade motora, parcial ou completa, e que gera alterações nas atividades motoras. Na neurologia, refere-se também à deficiência motora como distúrbios na motilidade ou mobilidade, que é a capacidade de se mover espontaneamente.

A DEFICIÊNCIA FÍSICA é o prejuízo completo ou parcial de um ou mais segmentos do corpo e que comprometem a parte física, conforme citado anteriormente.

Assim, podemos dizer que todos os indivíduos com deficiência física têm deficiência motora. Mas a recíproca não é verdadeira, ou seja, nem todo indivíduo com deficiência motora apresenta deficiência física – aqui reportamo-nos às pessoas com mobilidade reduzida.

Maciel (1998, p. 53) comenta que "a deficiência física implica em falha das funções motoras. Na maioria das vezes, a inteligência fica preservada, com exceção dos casos em que células da área de inteligência são atingidas no cérebro".

3.2
Causas da deficiência motora[5]

Os fatores etiológicos da deficiência motora são classificados de acordo com o momento da ocorrência da lesão em relação ao parto e podem ser pré-natais, perinatais ou pós-natais.

Fatores do período pré-natal

De forma geral, atinge 60% dos casos e envolve o alcoolismo, o fumo e o uso de drogas pela mãe, como também distúrbios metabólicos (como diabetes e TOXEMIA*), tentativas de aborto malsucedidas, doenças infecciosas como rubéola, doenças sexualmente transmissíveis (DSTs) e toxoplasmose, crises de hipertensão arterial materna no período gestacional, incompatibilidade sanguínea, más-formações do sistema nervoso central e exposição ao raio-x nos primeiros meses de gravidez. Ainda, anemia grave do bebê ou consequência da anemia da mãe, infecções renais e urinárias graves da mãe e hemorragias maternas, defeitos genéticos, bem como anormalidades cromossômicas que podem produzir anormalidades estruturais no cérebro (Kirk; Gallagher; Sanvicente, 1991; Bueno; Resa, 1995; Miller; Clark, 2002; Castro, 2005).

Fatores perinatais

São aqueles que acontecem no momento ou logo após o parto e ocorrem normalmente por anóxia (falta) ou hipóxia (perda parcial da oxigenação cerebral), lesão ocasionada por parto

---

5 O campo de estudo sobre as causas da deficiência motora é amplamente desenvolvido e varia segundo as particularidades e classificações. Neste livro, estabelecemos apenas a ocorrência durante o período pré-natal, perinatal e pós-natal de forma generalizada, sem considerar as especificidades dos contextos em que a pessoa se desenvolve.

difícil – principalmente pelo tamanho grande do feto, por mães de estatura pequena ou muito jovens –, obstruções pélvicas com sofrimento fetal, infecções pré-natais ou perinatais que atinjam as mães (aids, rubéola, herpes), infecção hospitalar, prematuridade, icterícia neonatal grave, acidente ou erro médico, HIPOGLICEMIA* ou TRAUMAS CRANIOENCEFÁLICOS* pelo mau uso do *fórceps*.

FATORES PÓS-NATAIS

São os fatores como: asfixia, traumas cranioencefálicos, acidentes automobilísticos, infecções do sistema nervoso central (como meningites ou encefalites), intoxicações (medicamentosa, anestésica, de radiações), que podem resultar em dano cerebral e carências nutricionais (Kirk; Gallagher; Sanvicente, 1991; Bueno; Resa, 1995; Miller; Clark, 2002; Castro, 2005).

3.3
NÍVEIS DE COMPROMETIMENTO DA DEFICIÊNCIA MOTORA

Os níveis de comprometimento referem-se ao grau de complexidade e de acometimento da ação motora prejudicada. Os comprometimentos são imaturidade funcional, disfunção cerebral e lesão.

IMATURIDADE FUNCIONAL

Segundo Antoniuk (2003, p. 1), a IMATURIDADE FUNCIONAL refere-se aos "níveis de dificuldades que afetam a estrutura cerebral com potencial mais limitado de melhora após tratamento". Nesses casos, na imaturidade, a criança adquire um ritmo normal ou quase normal de aprendizagem em alguns meses de trabalho direcionado para sanar esta dificuldade.

Podemos relacionar como exemplo aquelas crianças que nascem no tempo esperado (nove meses de gestação), mas que se atrasam ou são mais lentas nas aquisições, demoram mais para andar, correr e falar.

Disfunção cerebral

Quando nos referimos a uma DISFUNÇÃO CEREBRAL, temos um obstáculo funcional, ou seja, as dificuldades ocorrem em algumas áreas específicas do cérebro que não apresentam respostas adequadas, estando o restante do cérebro intacto. É também chamado de *distúrbio cerebral*. Indivíduos com disfunção cerebral podem ser confundidos com os que têm baixo nível intelectual, ou ainda, podem passar a impressão de serem desleixados ou preguiçosos, o que não procede, pois o seu impedimento não ocorre no nível intelectual, mas no nível de execução. Na DISPRAXIA* motora, por exemplo, a execução do movimento causa respostas motoras inadequadas, sem se associar a um quadro evolutivo, ou seja, há uma evolução conforme a estimulação recebida. Uma criança com dispraxia é mais lenta que os colegas para aprender atividades como amarrar sapato, guardar o material, tomar lanche.

Lesão

Em pessoas com lesão cerebral, a deficiência de estimulação tátil-cinestésica (falhas na percepção dos estímulos táteis) pode produzir desde disfunções motoras de equilíbrio e de coordenação motora fina até graves incapacidades nos movimentos[6], pois toda

---

6   Incapacidade de movimento: relaciona-se à inaptidão, impossibilidade, ou incompetência de realizar determinada ação, como, por exemplo, pegar uma caixinha de remédio que está em cima de uma mesa.

descoberta de ações está relacionada à nossa memória motora. Essa memória, por conseguinte, somente grava o que a criança vivenciou, construindo seu vocabulário corporal. Na lesão cerebral, o tato se encontra prejudicado porque a criança tem dificuldade de se mover com desenvoltura e fica por mais tempo parada; assim, tem menos descobertas e menos experiências.

A lesão refere-se à perda de função em uma área cerebral específica, ocasionando a falta de resposta a determinados estímulos. O que diferencia a lesão da disfunção é que na lesão ocorre a perda de uma função, com a morte dos neurônios, não havendo a possibilidade de recuperação de determinada ação. Já na disfunção pode haver uma resposta a determinados estímulos. Para que isso aconteça, é muito importante o trabalho desenvolvido com atendimento especializado. Uma criança com disfunção pode recuperar certos padrões de movimento, como melhorar a coordenação motora fina para se vestir, puxar um zíper da calça, abotoar um casaco. Agora, a criança com lesão terá mais dificuldade para uma evolução a ponto de repercutir na execução correta dessa ação. Contudo, com a evolução dos estudos científicos nessa área e pela plasticidade cerebral que o cérebro possui devido a alguns neurônios vizinhos, muitas vezes, assumirem a função dos lesionados, é possível, desse modo, recuperar parte de suas funções perdidas.

Como exemplo do valor de atendimentos especializados, citamos o caso de Ana[7], que foi diagnosticada com agenesia do corpo caloso[8]. Todo o seu quadro de lesão apresentava um prognóstico muito reservado, o qual previa, segundo a literatura, limitações

---

7 Ana (nome fictício) é um caso clínico que autora deste livro acompanha profissionalmente há muitos anos.

8 A agenesia do corpo caloso é uma má formação que gera a não existência do corpo caloso no cérebro. De forma geral, sabe-se que o corpo caloso é uma parte do cérebro responsável pela conexão entre os dois hemisférios, permitindo que os estímulos do hemisfério direito sejam aplicados tanto no lado direito quanto esquerdo de nosso corpo. Também está relacionado às percepções espaciais responsáveis pela capacidade de perceber nossas ações frente ao meio e aos objetos e ainda colabora no ajuste dos movimentos relacionados ao exterior.

enormes que deixariam a criança em quadro quase vegetativo: sem falar, sem se expressar adequadamente e sem se mover com autonomia. Porém, mesmo tendo acentuadas dificuldades motoras, com um intenso trabalho de estimulação terapêutica realizado por fisioterapeutas e psicomotricistas e com a participação ativa de seus pais, a referida criança – estimulada desde os seus primeiros meses – conseguiu andar com dois anos e seis meses e, aos quatro anos, foi capaz de subir e descer escadas (sem apoio). Aos seis anos, conseguiu andar e correr sem nenhum auxílio, apesar de possuir um equilíbrio instável. O seu diagnóstico continua sendo o mesmo, isto é, ela continua com agenesia do corpo caloso, mas de alguma forma, o seu cérebro encontrou meios de se apropriar da estimulação e Ana conseguiu andar (move-se com autonomia), falar (com boa dicção e bom vocabulário), ler e escrever, superando as dificuldades iniciais e modificando inclusive o seu prognóstico, o qual estimava que ela não conseguiria andar ou sentar, e muito menos falar.

A deficiência ocorre quando se envolve mais de uma lesão, ou seja, há uma associação de lesões que, neste caso, são motoras. Os quadros associados a esse nível de dificuldade referem-se à paralisia cerebral (PC) e à mielomeningocele (a serem apresentados nos próximos capítulos).

3.4
CLASSIFICAÇÃO DA DEFICIÊNCIA MOTORA

As deficiências motoras podem ser CONGÊNITAS, quando o indivíduo nasce com ela, ou ADQUIRIDAS, quando o indivíduo, por algum motivo, sofre uma lesão e passa a ser deficiente motor.

Em relação à progressão, ou seja, à evolução das deficiências motoras, estas podem ser consideradas crônicas, permanentes ou progressivas. Dessa maneira, serão CRÔNICAS quando perduram há muito tempo, PERMANENTES quando são duradouras e ininterruptas, e PROGRESSIVAS quando avançam lentamente, mas sem parar.

Na classificação das deficiências motoras, Cidade e Freitas (2002, p. 59) dividem-na em ortopédica e neurológica – classificação semelhante à utilizada por Kijima (2005). Será essa a classificação adotada neste estudo e apresentada na sequência, na qual incluiremos também a deficiência múltipla, desde que esta se associe à deficiência motora.

Deficiências motoras ortopédicas

Ortopédica é aquela deficiência que envolve problemas dos músculos, dos ossos e/ou das articulações. Podemos incluir aqui as deficiências musculares e/ou neuromusculares e as deformidades ósseas e as más-formações.

Deficiências musculares e/ou neuromusculares

Segundo Wilson, citado por Kijima (2005, p. 17), deficiências musculares e/ou neuromusculares referem-se àquelas "cujas manifestações exteriores consistem em fraqueza muscular, paralisia ou falta de coordenação, geralmente designadas mais apropriadamente como neuromusculares, uma vez que as dificuldades encontram-se mais frequentemente nos centros e vias nervosas que comandam os músculos do que nos músculos em si". Inclui-se nessa categoria a distrofia muscular progressiva, a poliomielite e a esclerose múltipla.

Distrofia muscular progressiva

Refere-se à perda gradual e progressiva da força e está relacionada às doenças que envolvem a degeneração e o enfraquecimento progressivo dos músculos.

Sua causa é desconhecida, mas alguns autores como Kijima (2005, p. 17) associam-na a uma "imperfeição do funcionamento metabólico", e Werner (1994), a uma incompatibilidade genética.

Miller e Clark (2002) comentam que a mãe é portadora do gene causador da distrofia nos filhos homens. As filhas mulheres não adquirem essa incompatibilidade e não terão distrofia muscular, mas podem gerar filhos com essa deficiência.

Na distrofia muscular progressiva, os músculos esqueléticos são os mais comprometidos, bem como os músculos cardíacos. A criança anda sobre as pontas dos pés e cai muito, como também tem dificuldade para correr. Os sintomas, que tendem a aparecer mais nos meninos, começam a ser percebidos a partir do segundo ano de idade (Kijima, 2005).

Conforme pesquisas de Gallardo e Salvador (1994, p. 18, tradução nossa) "mais ou menos aos três anos de idade, a criança deixa de apresentar as contrações no joelho, embora as de tornozelo demorem mais para desaparecer", prejudicando o seu padrão do andar e afetando seu equilíbrio e agilidade.

A partir dos 10 anos, com a entrada da puberdade, essas pessoas, em geral, não conseguem mais andar. Os músculos respiratórios e do coração se enfraquecem, causando deficiência cardíaca ou pneumonia e levando o adolescente, geralmente, a óbito antes dos seus vinte anos (Werner, 1994; Kijima, 2005).

Ainda não existe nenhum medicamento para o tratamento específico deste quadro, apenas terapias ou exercícios paliativos para atenuar a ampliação do enfraquecimento muscular.

É muito difícil para a família e a criança aceitarem essas perdas motoras ou o seu agravamento. Sendo assim, o apoio psicológico é primordial para a superação das maiores dificuldades. Por isso, Kijima (2005, p. 18) comenta ser de fundamental importância que o adolescente permaneça ativo, "continuando com as atividades normais, o quanto lhe for possível, ajudando-a a adaptar-se às próprias crescentes limitações". A autora ainda comenta que cerca de 50% destas crianças também podem apresentar alguma deficiência mental, porém, quando não a possuem, seu desempenho pode ser excelente em várias áreas. É importante destacar que todo e qualquer tratamento com a criança deve envolver exercícios respiratórios para diminuir o impacto da degeneração e promover a melhor qualidade de vida possível.

Em relação à escola e à aprendizagem, Dubowitz (1995) comenta que cerca de 30% dessas crianças possui um agravamento em seu desenvolvimento cognitivo, mas que as 70% que não o possuem podem apresentar na fase da adolescência uma boa inteligência verbal. Porém, Araújo de Mello (2005) cita pesquisas realizadas por Wicsell et al., as quais apontaram que há um prejuízo na memória na faixa etária de 7 a 14 anos, influenciando o baixo coeficiente de aprendizagem. Apesar de o prejuízo intelectual no campo da memória não ser progressivo, tais dados incidem negativamente em seu desenvolvimento intelectual. Isso pode estar relacionado à diminuição das experiências motoras e às ações sobre o meio e os objetos, ocasionando falhas nas habilidades perceptivas e de representação. Sendo assim, o professor deve levar em consideração tais aspectos e, quando necessário, realizar adaptações curriculares nos conteúdos e na avaliação prioritariamente (ver adiante capítulo 5 e 6).

POLIOMIELITE

Também chamada de *paralisia infantil*, é a mais conhecida das deficiências motoras. É uma doença causada por pelo menos três tipos diferentes de vírus (pólio vírus 1, 2 e 3) que atacam as células nervosas da massa cinzenta da medula espinhal e causam uma desnutrição completa das células motoras, afetando o movimento, mas mantendo intacta a sensibilidade. "Em intensidades variáveis, [a poliomielite] pode provocar a atrofia e a degeneração das células nervosas afetadas, mudanças nas fibras nervosas periféricas, paralisia, atrofia de tecido muscular, ósseo e de tendão" (Kijima, 2005, p. 18).

A poliomielite ocorre geralmente nos primeiros anos de vida e pode ser reconhecida, muitas vezes, a partir de outra doença, como algum tipo de quadro viral com sintomas de fraqueza muscular do corpo, um resfriado com febre elevada ou uma diarreia. A doença contagiosa se espalha através da tosse e do espirro. "Em regiões com higiene precária e falta de saneamento básico, a infecção da poliomielite se espalha quando as fezes de uma criança doente atingem a boca de uma criança sadia" (Kijima, 2005, p. 18).

A poliomielite pode paralisar qualquer parte do corpo, atingindo mais comumente as pernas, mas não é progressiva, ou seja, não atinge gradativamente as demais partes do corpo. Os músculos podem ficar parcialmente paralisados, moles ou FLÁCIDOS*.

No crescimento da criança, os músculos e os ossos afetados de um membro tornam-se mais curtos e mais finos que os normais. Assim, o tratamento (médico e fisioterápico) a partir do diagnóstico é o principal aliado da evolução da criança, podendo atenuar as possíveis deformidades e atrofias, mas não saná-las por completo.

É possível prevenir a poliomielite vacinando as crianças a partir do nascimento até os cinco anos de idade. A Vacina Salk, conhecida no Brasil como *Vacina Sabin* e popularizada pela campanha de vacinação do "Zé Gotinha", contribuiu para erradicar a doença no país.

Esclerose múltipla

É uma doença degenerativa progressiva inflamatória do sistema nervoso central, provocada por uma estimulação do sistema imunológico que passa a agir contra o organismo, inflamando e destruindo paulatinamente a bainha de mielina, a qual envolve as fibras nervosas, levando também ao endurecimento do tecido nervoso.

Em outras palavras, o desenvolvimento desta patologia "traz graves repercussões neurológicas, uma vez que a mielina faz parte dos mecanismos de transmissão das mensagens ou impulsos nervosos do cérebro para as demais partes do corpo humano e vice-versa (Gil, 2002, p. 80).

Como consequência, ocorrem sintomas como espasmos das extremidades, tremores, fases de intensa fraqueza, fadiga, tontura, dificuldades com o controle urinário e distúrbios visuais. Posteriormente, a doença progride para parestesias (sensações cutâneas como frio, calor, formigamento, sentidas sem ter havido qualquer tipo de estimulação que as desencadeie) e ataxias (dificuldade de equilíbrio e de coordenação dos movimentos voluntários), evoluindo para hemiplegia (apresentado adiante), convulsões (alterações elétricas que acontecem no cérebro em função de uma desordem dos neurônios, ocasionando desde alterações mentais como ausências até tremores involuntários), distúrbios visuais, afasia (perda da capacidade de usar ou compreender a linguagem oral) e mesmo mudanças bruscas nas características de sua personalidade (Bueno, 1998).

A esclerose múltipla é uma doença autoimune e crônica, de etiologia ainda indeterminada, com prevalência e incidência bastante variadas, acometendo, com maior frequência, indivíduos brancos, na faixa entre 20 e 40 anos de idade e com predomínio nas mulheres (Paes, 2007, p. 19).

Segundo Gil (2002, p. 81), "a doença, por enquanto, não tem cura, muito embora existam tratamentos que melhoram a condição física e a qualidade de vida dos portadores. Entre estes tratamentos estão a fisioterapia, a psicoterapia e os medicamentos".

Deformidades ósseas e más-formações
Segundo Kijima (2005, p. 23), deformidades e más-formações são deficiências ósseas e "afetam principalmente os membros superiores e inferiores, a espinha e as articulações".

Como alteram a formação corpórea e esquelética, o acometimento reflete-se em falhas no andar, no sentar, no ficar em pé, e no uso utilitário das articulações, na execução de movimentos complexos com as mãos e braços como, por exemplo, carregar uma bandeja ou um prato com comida. "Podem ser congênitas [nascido com a criança] ou adquiridas, sendo então resultado de doenças infecciosas, de disfunções relativas ao desenvolvimento ou de acidentes" (Wilson, citado por Kijima, 2005, p. 23).

Incluem-se nessa categoria as amputações, as deformidades e as alterações posturais.

Amputações

Referindo-se à falta de membros, chamamos estes indivíduos de *amputados*. A AMPUTAÇÃO*, segundo Castro (2005, p. 242) representa a "remoção total ou parcial de um membro". Maciel (1998, p. 55) comenta que essas pessoas

> *podem ter nascido sem um membro (superior ou inferior), perderam-no em um acidente, ou necessitaram tirá-lo por problemas de saúde (como um problema circulatório, com complicações como a gangrena). Esses deficientes podem ganhar maior independência se colocarem próteses (perna e/ou braço mecânico) o mais rápido possível, pois uma boa adaptação ao implante pode suscitar em chances de levar uma vida normal. Às vezes, mesmo assim ainda necessitam do apoio de bengalas ou muletas, sobretudo se a atividade em qualquer porção do membro for presente.*

Quando há remoção parcial, o membro restante, após a amputação, é chamado de *coto* e será o responsável pelo controle da PRÓTESE*. Assim, um trabalho emocional e fisioterápico intenso deve ser feito tanto para a readequação do padrão motor – agora com a prótese – quanto para a reapropriação da imagem corporal, já que a perda de um membro refere-se à renúncia dele e ao reencontro de seus padrões motores e funcionais agora associados com a prótese.

Deformidades e alterações posturais

Inclui todos os tipos de deformidades na composição óssea: deslocamento congênito de quadril, quistos e tumores ósseos, escoliose, lordose e cifose. O tipo mais comum é o "pé torto", deformação em que um ou ambos os pés são revirados para dentro ou para fora (Kijima, 2005).

Deslocamento congênito de quadril

Também chamada de *luxação congênita de quadril*, apresenta-se quando o quadril está deslocado e o fêmur (osso longo da coxa) sai fora do encaixe no quadril. Estudos mostram que o deslocamento congênito é mais comum no sexo feminino.

"Alguns bebês já nascem com um ou ambos os quadris deslocados e, quando corrigidos no tempo certo [com tratamento durante o crescimento], não resultarão em deformidades permanentes" (Kijima, 2005, p. 24). Também é possível que haja o deslocamento nos primeiros meses de vida.

O principal sintoma observado em bebês é que eles não conseguem abduzir (ou seja, afastar as pernas) quando o quadril e o joelho estão flexionados. Quando não são corrigidos a tempo, ocasionam lesões e, por conseguinte, deficiências motoras irreversíveis, necessitando, inclusive, de intervenção cirúrgica em alguns casos. Se o deslocamento, por exemplo, for apenas em um dos membros, a perna envolvida será mais curta. O principal tratamento consiste na readequação e na estabilização da cabeça do fêmur dentro do acetábulo (estrutura óssea existente no quadril que se articula com a cabeça do fêmur).

Quistos e tumores ósseos

Podem ser ocasionadas por tumores nos ossos, infecções virais e degenerativas. De acordo com Kijima (2005, p. 24) "um quisto ósseo típico é uma lesão de desenvolvimento lento que destrói o osso, formando-se próximo a uma das extremidades do eixo de um osso longo". Quanto aos tumores ósseos, podem ser benignos ou malignos. Conforme a autora, se o diagnóstico for precoce e o tratamento intensivo, será possível prevenir deformações graves.

Escoliose

É uma alteração postural e representa, segundo Kijima (2005, p. 24), a curvatura lateral da espinha (em forma de S ou C) "de causa congênita ou adquirida (postura errada, doença ou lesão), resultando em paralisia desigual dos músculos das costas ou de inclinação do quadril devido à existência de uma perna mais curta que a outra".

A escoliose apresenta, de forma associada, dificuldades respiratórias e transtornos da marcha. Essa alteração postural vai se complicando em longo prazo, geralmente ocasionada "por déficits musculares na região do tronco", ocasionando posturas anormais (Castro, 2005, p. 234).

Conforme a gravidade, exigem da pessoa estratégias posturais para manter o equilíbrio, e, por serem posturas assimétricas, podem originar contraturas, dores musculares e aumento da deformidade.

Lordose

É a acentuação exagerada e progressiva da curvatura lombar. Pode causar dificuldades de equilíbrio e de deslocamento. De forma geral, na infância, a lordose ou HIPERLORDOSE* pode surgir devido a uma atitude corporal incorreta e, ao longo do desenvolvimento, pode se referir a uma compensação para restabelecer o equilíbrio pélvico perdido por conta de causas diversas como debilidade muscular, esforços contínuos, traumatismos, entre outras.

Cifose

Representa a concavidade anormal do tórax, podendo ser congênita ou adquirida, sendo comumente motivada por falhas musculares (abdominais e dorsais), sobretudo na fase de crescimento. Pode ocasionar transtornos funcionais como instabilidade postural e alterações na mecânica respiratória (Bueno; Resa, 1995).

FIGURA 3.1 –
ESCOLIOSE, CIFOSE E LORDOSE

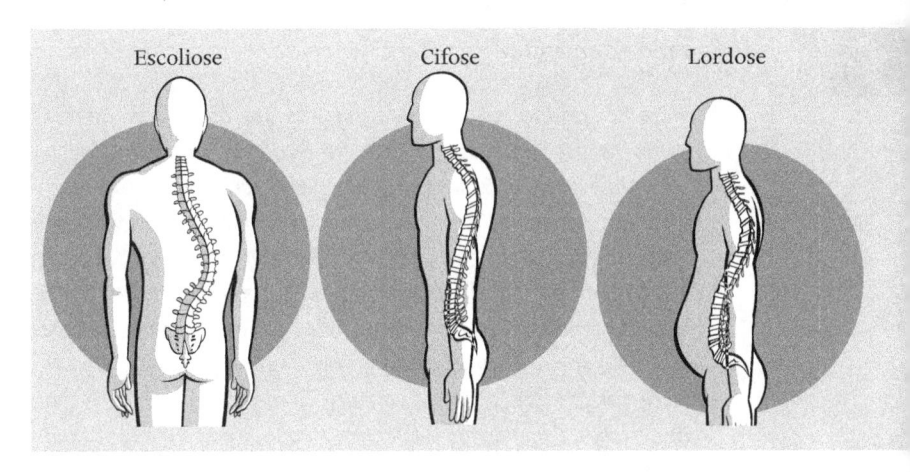

Escoliose   Cifose   Lordose

Deficiências motoras neurológicas

Como vimos, Cidade e Freitas (2002) classificam as deficiências físicas em ortopédicas e neurológicas. Nesta última podemos incluir os tumores, as deteriorações ou lesões do sistema nervoso central, as más-formações e as paralisias cerebrais (a serem apresentadas no próximo capítulo).

Observaremos, agora, os principais tipos de deficiência neurológicas.

Tumores do sistema nervoso central (SNC)

Os tumores são corpos estranhos formados pelo próprio corpo e que agem contra o organismo. Eles podem causar deteriorações ou lesões, dependendo da sua localização e do seu tamanho. Quando estão no SNC, certamente causarão complicações neurológicas que podem ser expressas por falhas ou até mesmo por incapacidade de andar e de mover braços e mãos. Essa evolução progressiva pode ocorrer de forma muito rápida se o tumor não for retirado (quando a sua localização assim o permitir) e essa aceleração das patologias pode levar a pessoa a óbito.

Segundo Kijima (2005, p. 22-23),

> há uma grande variedade de tumores que podem afetar o sistema nervoso central, podendo se localizar no cérebro ou na medula espinhal. Esses tumores podem ser benignos ou malignos. [...] As consequências da presença de um tumor no sistema nervoso central vão ser determinadas por sua localização. Se ele estiver localizado no cérebro, por exemplo, as manifestações dependerão da área em que ele se encontra e das funções que nela se realizam. Se estiver localizado na medula, afetará, necessariamente, o funcionamento de membros inferiores e/ou superiores, dependendo da altura em que se encontra localizado (paraplegia e quadriplegia).

Más-formações

As más-formações, como o próprio nome diz, referem-se a falhas na constituição biológica e orgânica, de forma que acometem o funcionamento de todo o SNC, refletindo em severas complicações relacionadas à deficiência motora. Citamos, entre muitas, a mielomeningocele ou espinha bífida.

Mielomeningocele

Também chamada de *espinha bífida*, é a segunda patologia mais comum da deficiência motora, estando atrás apenas da paralisia cerebral (PC). A incidência varia em média de um indivíduo afetado para cada mil nascimentos e sua etiologia é desconhecida.

A mielomeningocele é uma lesão da medula espinhal congênita que acomete pele, ossos, DURA-MÁTER*, medula espinhal e raízes nervosas, e que representa o fechamento incompleto do canal vertebral. O tecido nervoso fica sem proteção e, muitas vezes, forma uma bolsa externa à coluna vertebral (Lucareli; Côrrea; Lamari, 2001).

FIGURA 3.2 –
MIELOMENINGOCELE

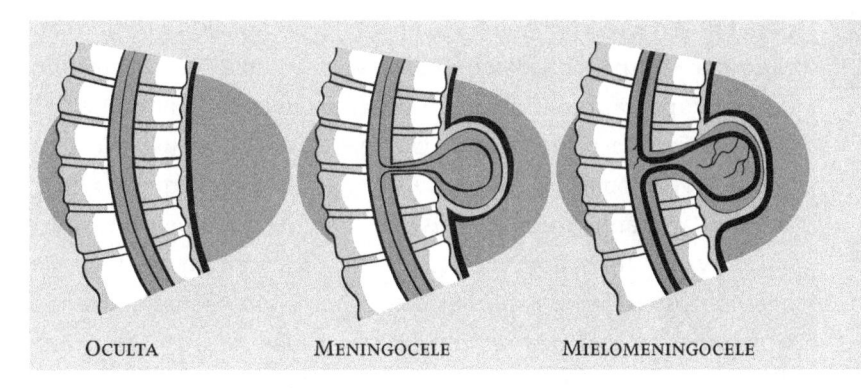

OCULTA   MENINGOCELE   MIELOMENINGOCELE

Segundo Werner (1994), algumas vértebras, no desenvolvimento fetal, não fecham sobre a medula espinhal, gerando uma área desprotegida na região torácica e lombar pelo não fechamento do tubo neural.

Essa má-formação provoca uma deficiência neurológica (sensitiva e motora) abaixo do nível da lesão, que pode gerar paralisias (principalmente flácidas) e falta ou baixa de sensibilidade dos membros inferiores.

Dependendo da área cerebral afetada, as alterações neurológicas acometem as respostas motoras, as sensitivas, as musculares e as esfincterianas (Cambier et al., 1988).

Os sintomas mais relatados na literatura, segundo Shepherd (1998), são: paralisia flácida, diminuição da força muscular, atrofia muscular, diminuição ou abolição dos reflexos tendíneos, diminuição ou abolição da SENSIBILIDADE EXTEROCEPTIVA* e proprioceptiva, incontinência dos esfíncteres de reto e bexiga e hidrocefalia.

Como principal tratamento, a criança precisa desenvolver a força nos membros superiores, o que pode ser obtido com exercícios de fortalecimento – em posição de bruços ou na posição sentada – associado a um programa esportivo, que pode ser a natação ou o basquetebol em cadeira de rodas. Outra atividade é a transferência da cadeira para a cama ou para o vaso sanitário, que, para tal, deve receber um treinamento especializado prévio realizado por equipe multidisciplinar. Isso deve envolver, sobretudo, o fisioterapeuta, que trabalhará o fortalecimento da musculatura para o controle postural e os movimentos necessários, e o terapeuta ocupacional, que ensinará à criança os passos que ela deve seguir. Caso tenha condições físicas, aprenderá também a realizar gradativamente os movimentos sem auxílio (nestes momentos são necessários cuidados especiais com a pele, pois como não há sensibilidade, podem ocorrer feridas chamadas *escaras*. Por conta disso, o treinamento dessa capacidade deve ser contínuo e cuidadoso, realizado com o auxílio de um especialista).

A postura deve ser avaliada constantemente, já que a criança em fase de crescimento tende a desenvolver deformidades na coluna, especialmente cifoses e escolioses. Crianças que optam por usar bengalas ou muletas também precisam de atenção especial para aprender a cair corretamente, em alguma eventualidade, sem se machucar.

Um dos principais problemas da mielomeningocele é a incontinência do reto e da bexiga, visto que esse órgão nunca se esvazia completamente: a urina começa a gotejar quando a bexiga está cheia e a criança não manifesta sensação. Assim, ela deve ser treinada pelo terapeuta ocupacional para que execute sozinha a compressão manual, com o objetivo de favorecer a drenagem vesical. O treinamento da evacuação para que a criança desjetue em intervalos regulares, orientado pelo terapeuta ocupacional ou profissional da enfermagem, também é bem-sucedido.

Considerações sobre a convivência com pessoas com deficiência múltipla

O que deve ser incentivado

- aceitar as deficiências como uma realidade, sem exagerar seus efeitos ou negar sua existência;
- incentivar, encorajar e reforçar a participação da pessoa na vida familiar e comunitária, ajudando [...] a vivenciar sentimentos de pertencer a esses grupos sociais de modo a sentir-se integrado;
- contribuir para a superação dos possíveis sentimentos de inferioridade e de autodesvalorização que possam ocorrer;
- criar situações de participação real e de obter sucesso e realizações;
- oferecer apoio moral, espiritual, material, físico, profissional e outros necessários;
- favorecer a aquisição e o desenvolvimento de habilidades adaptativas que melhorem o funcionamento da pessoa no seu ambiente físico e social;
- compreender e respeitar as fases evolutivas da pessoa com deficiência e seu ritmo próprio de desenvolvimento;
- maximizar as potencialidades, as habilidades, a criatividade, a independência e a iniciativa pessoal;
- favorecer o desenvolvimento e as experiências de aprendizagem;
- compreender e manifestar sentimentos de afeto, amizade e solidariedade;
- acreditar nas capacidades e potencialidades da pessoa com deficiências;
- incentivar metas e aspirações.

O que deve ser evitado

- sentimentos de rejeição, de piedade ou comiseração;
- atitudes de super proteção e cuidados excessivos;

- infantilizar a pessoa com deficiências e prestar-lhe apoio exagerado e desnecessário;
- confundir limitações com incompetência generalizada;
- superestimar as enfermidades e as indisposições físicas;
- atitudes de desespero, desânimo e descrença;
- excessiva expectativa, impaciência e intolerância;
- medo de tentar tarefas ou situações novas;
- dependência para solucionar problemas;
- comparação com o desempenho e as realizações de outras pessoas;
- expor a pessoa com deficiências ao fracasso, a experiências negativas de vida e a frustrações desnecessárias;
- atribuir sempre o humor, os sentimentos e as características de personalidade da pessoa a suas deficiências.

FONTE: Carvalho, 2000b, p. 92.

O próximo capítulo aprofunda os estudos sobre a PC, que é a deficiência motora com maior incidência na escola. Trataremos desse tema apontando como ele ocorre, de que formas pode se manifestar e de que maneira o professor pode contribuir com a educação desse aluno.

PARA SABER MAIS

BRASIL. Ministério da Educação. Secretaria de Educação Especial. PROGRAMA DE CAPACITAÇÃO DE RECURSOS HUMANOS DO ENSINO FUNDAMENTAL: deficiência múltipla. Brasília, 2000a. v. 1: fascículos I, II e III. (Série Atualidades Pedagógicas). Disponível em: <http://www.dominiopublico.gov.br/download/texto/me000466.pdf>.

_____. _____. Brasília, 2000b. v. 2: fascículos IV, V, VI e VII. (Série Atualidades Pedagógicas). Disponível em: <http://www.dominiopublico.gov.br/download/texto/me000467.pdf>.

4

Paralisia cerebral (PC)

Neste capítulo, apresentamos alguns dados importantes sobre a paralisia cerebral, que vão desde a sua classificação até como é feita a identificação do grau afetado e do tipo clínico. Indicamos pontuais orientações sobre como o professor deve proceder com esses alunos na sala de aula.

A PC[1], segundo Bobath (1979, p. 11), é o "resultado de uma lesão ou mau desenvolvimento do cérebro, de caráter não progressivo desde a infância". Explicando de forma didática, ocorre que dentro da coluna fica a medula, de onde partem os nervos que vão para as pernas e os braços. Ou seja, o corpo funciona como um computador, conectado por esses "fios" (que são os nervos) que conduzem o estímulo até as extremidades do corpo. Ao pensarmos em segurar o cabo de uma escova de cabelo, por exemplo, há um comando do cérebro que segue até a mão e os braços, e estes membros se preparam para a execução do movimento pensado.

A PC frequentemente está presente em crianças e pode ser ocasionada antes, durante ou logo após o parto. As crianças afetadas por PC têm distúrbios importantes de suas funções motoras e posturais, como consequência de uma lesão cerebral em variados níveis. Essas lesões possuem diversas causas e acarretam desde "perturbações sutis, quase imperceptíveis, aparentando ser 'desajeitadas' ao caminhar, falar ou usar as mãos, até uma incapacidade motora acentuada, impossibilidade de falar ou de andar, tornando-se dependentes para as atividades cotidianas" (Andrade, 2003, p. 34).

Esse tipo de patologia representa uma condição médica geralmente ocasionada por uma falta de oxigenação no cérebro. Porém, é importante destacar que a lesão não se associa, necessariamente, à deficiência cognitiva associada, a não ser que a lesão tenha afetado áreas do cérebro responsáveis pelo pensamento e pela memória, com a maioria delas podendo ter uma vida semelhante às demais pessoas, desde que com as adaptações necessárias.

---

1 A PC, atualmente, no meio da saúde, também é chamada de *encefalopatia crônica não progressiva (ou não evolutiva) da infância* (Rotta, 2002).

Souza (2003, p. 123) nos traz a definição de que

> *paralisia cerebral é um grupo de desordens no controle dos movimentos, da postura e do tônus muscular, não progressiva, porém sujeita a mudanças, resultante de uma agressão ou anomalia do encéfalo, nos primeiros estágios de seu desenvolvimento. Envolve uma série de tipos distintos de distúrbios motores, dependendo da área do encéfalo mais atingida pelo insulto.*

Nessa citação, percebemos que os termos *paralisia* e *cerebral*, utilizados juntos, descrevem uma condição associada à saúde; tal deficiência física se associa, na compreensão popular, com "invalidez". Contudo, a ideia de invalidez é uma percepção equivocada, já que muitos dos indivíduos com PC desenvolvem-se, mesmo com as limitações motoras, como também constituem família, são reconhecidos na sua profissão e conquistam uma adequada qualidade de vida.

Para saber mais

Little, em 1843, descreveu pela primeira vez a encefalopatia crônica da infância, e a definiu como patologia ligada a diferentes causas e caracterizada, principalmente, por rigidez muscular. Em 1862, estabeleceu a relação entre esse quadro e o parto anormal. Freud, em 1897, sugeriu a expressão paralisia cerebral (PC), que, mais tarde, foi consagrada por Phelps, ao se referir a um grupo de crianças que apresentavam transtornos motores mais ou menos severos devido à lesão do sistema nervoso central (SNC), semelhantes ou não aos transtornos motores da Síndrome de Little [...]. Desde o Simpósio de Oxford, em 1959, a expressão PC foi definida como "sequela de uma agressão encefálica, que se caracteriza, primordialmente, por um transtorno persistente, mas não invariável, do tono, da postura e do movimento, que aparece na primeira infância e que não só é diretamente secundário a esta lesão não evolutiva do encéfalo, senão devido, também, à influência que tal lesão exerce na maturação neurológica". A partir

> dessa data, PC passou a ser conceituada como encefalopatia crônica não evolutiva da infância que, constituindo um grupo heterogêneo, tanto do ponto de vista etiológico quanto em relação ao quadro clínico, tem como elo comum o fato de apresentar predominantemente sintomatologia motora, à qual se juntam, em diferentes combinações, outros sinais e sintomas [...].

FONTE: Rotta, 2002.

A designação *paralisia cerebral* nos induz à ideia de que seus portadores tenham perdido a capacidade de efetuar seus movimentos, ou seja, que estão paralisados, o que não condiz com a verdade. O que ocorre é que nesses indivíduos há sempre perda de alguma funcionalidade cerebral, seja motor, sensorial ou da inteligência (Bobath; Bobath, 1978), mas não a sua paralisação.

FIGURA 4.1 –
SISTEMA DE NERVOS DO CORPO HUMANO

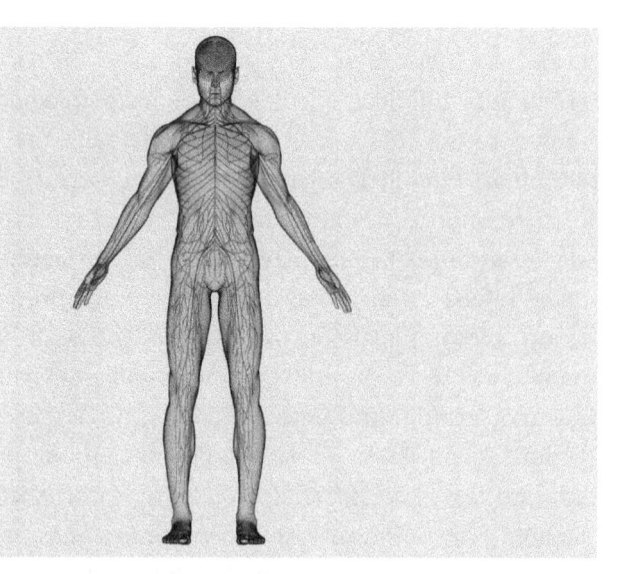

Se há uma lesão na parte superior da coluna, atingindo, assim, a medula, os quatro membros podem perder a movimentação. Se a lesão acontecer na parte inferior, somente a perna perde o movimento, e teremos, então, os chamados *hemiplégicos*, *paraplégicos* ou *tetraplégicos* (Maciel, 1998, p. 53).

Num contexto amplo, o indivíduo com PC anda com dificuldade ou não anda e pode ter problemas de fala. Pode também apresentar involuntariamente gestos faciais incomuns, sob a forma de caretas. Na maioria dos casos, a inteligência não foi afetada, mas não consegue expressá-la adequadamente devido às dificuldades de linguagem.

Devido a tais dificuldades, cada aluno deve ser compreendido em sua individualidade e ser avaliado por uma equipe multidisciplinar (terapêutica e pedagógica), que indicará ao professor se a dificuldade de comunicação do aluno está relacionada ou não à deficiência intelectual associada, bem como apontará as adaptações necessárias para o acompanhamento pedagógico – se o aluno seguirá o currículo comum (igual aos demais alunos) ou se será aluno de inclusão (com adaptações no currículo – como veremos adiante).

A pessoa com PC pode entender tudo o que se passa à sua volta, porém, sem conseguir se comunicar, o que pode gerar crises de agitação psicomotora, autoagressão ou depressão, exigindo mais atenção e cuidado por parte dos pais e profissionais.

Conforme sua gravidade, apresentam uma imobilidade variável que pode causar alterações da coluna, acúmulo de secreções respiratórias, prisão de ventre, entre outras complicações fisiológicas. Com o organismo debilitado, os doentes contraem infecções mais facilmente do que as pessoas saudáveis e as doenças comuns da infância podem ser fatais a eles, caso não recebam atendimento médico adequado. Além dos problemas já citados, muitos apresentam crises convulsivas ou quadro de epilepsia como comorbidade.

Reforçando os quadros apresentados no capítulo 2, percebemos que o processo de desenvolvimento motor encontra-se alterado, com alguns sinais presentes em todos os quadros congênitos ou presentes nos primeiros anos de vida:

- atraso no desenvolvimento motor, ou seja, a criança não apresenta controle cervical, não consegue se arrastar, sentar-se, engatinhar e andar no tempo adequado;
- dificuldade em executar movimentos, como alcançar objetos, permanecer com eles em suas mãos, ficar em pé etc.;
- presença de padrões de movimento anormais, como ficar com as mãos sempre fechadas ou permanecer na ponta dos pés e com as pernas cruzadas quando é colocada em pé, e, ainda, manifestar dificuldade na sucção e na deglutição;
- presença de estrabismo.

4.1
Localização e distribuição

Quanto à localização e distribuição da debilidade muscular, segundo Adams, Victor e Ropper (2002), ela se subdivide em monoplegia, hemiplegia, paraplegia, diplegia, TRIPLEGIA* e tetraplegia.

Monoplegia

Quando somente um dos membros é atingido (superior ou inferior), com debilidade ou paralisia de todos os músculos de uma perna ou braço. A pessoa com monoplegia possui limitações pequenas e é capaz de frequentar atividades regulares. Portanto, é necessário ter sempre em mente esses aspectos ao observá-la e ao interagir com ela (Brasil, 2002).

FIGURA 4.2 –
MONOPLEGIA

HEMIPLEGIA

Afeta a metade do corpo, atingindo esse hemicorpo quanto à mobilidade. Ou seja, o braço, a perna e, por vezes, a face de um lado do corpo – direito ou esquerdo – é paralisado, por exemplo. "O braço é mantido fletido [dobrado] e o pé atingido se mantém na ponta dos pés, ou na lateral externa do pé", assumindo um padrão flexionado (Adams; Victor; Ropper, 2002, p. 674, tradução nossa). Embora seja o tipo mais comum de PC, geralmente não é percebida pelos pais nos primeiros dias de vida da criança. A hemiplegia normalmente é percebida após alguns dias na consulta médica ou quando os pais notam que ela utiliza somente os membros de um hemicorpo, ou seja, a metade do corpo, em relação a seu eixo longitudinal. O indivíduo com hemiplegia sofre mais em atividades que exijam equilíbrio de tronco (engatinhar, ficar de pé e andar), bem como nas que solicitem o uso da bimanualidade (uso das duas mãos integradas). A mão do hemicorpo afetado permanece bem fechada e a cabeça assimétrica, mas a face é raramente comprometida. Podem aparecer padrões e estratégias de movimentos estereotipados – fora dos padrões normais, podendo ser desde uma contração e fechamento do punho até movimentos descontrolados – no lado mais comprometido e a fala também pode ser afetada, mas não é uma constante. Contudo, a aprendizagem certamente será prejudicada em seu ritmo, pois a criança tem acometida sua PROPRIOCEPTIVIDADE* e sua percepção visual, podendo, com certa frequência, apresentar problemas de aprendizagem.

FIGURA 4.3 –
HEMIPLEGIA

PARAPLEGIA

Quando há fraqueza ou paralisia dos membros inferiores, ou seja, de ambas as pernas. "A parte superior do corpo geralmente não é afetada. A criança pode apresentar contraturas nos pés e nos tornozelos" (Kijima, 2005, p. 22). Ou seja, os pés e os tornozelos mantém-se contraídos, assumindo muitas vezes uma postura de "pé torcido". As crianças geralmente tornam-se diplégicas com comprometimento ameno de membros superiores.

Figura 4.4 –
Paraplegia

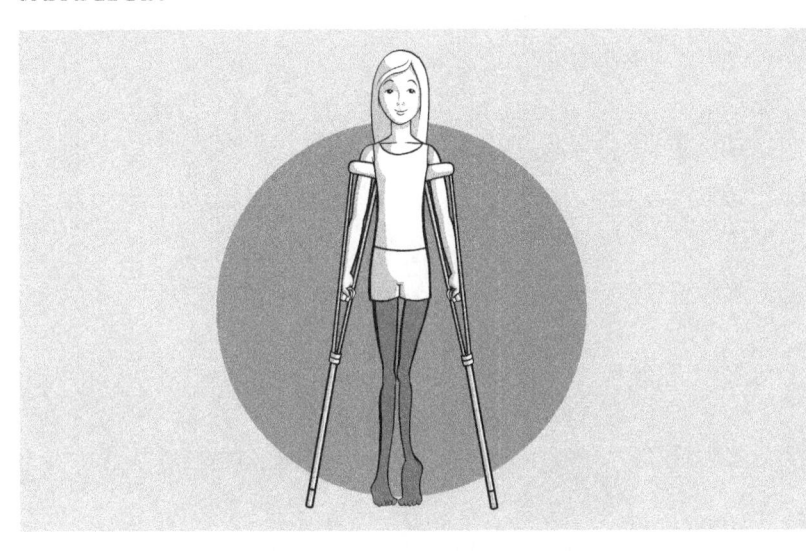

Diplegia

Na diplegia, alguns sinais se modificam, já que a relação de movimentação com o mundo é diferente, pois os distúrbios motores e do tônus predominam nos membros inferiores, sendo os membros superiores menos atingidos, mas ainda com comprometimento moderado a leve. Não se deve confundir a tetraplegia com a diplegia, a qual abrange o comprometimento dos membros inferiores com sintomas mais leves nos membros superiores. Na diplegia, em relação aos membros superiores, a pessoa tem bom potencial, manipulando objetos com boa coordenação.

Triplegia

Acomete três membros, é mais rara e acontece com maior frequência como uma condição de transição no desenvolvimento da tetraplegia. Geralmente evolui para tetraplegia. Bobath (1979) diz que o comprometimento entre os membros superiores e inferiores é assimétrico, e assim, o controle de equilíbrio e de coordenação dos olhos é deficiente.

Figura 4.5 –
Triplegia

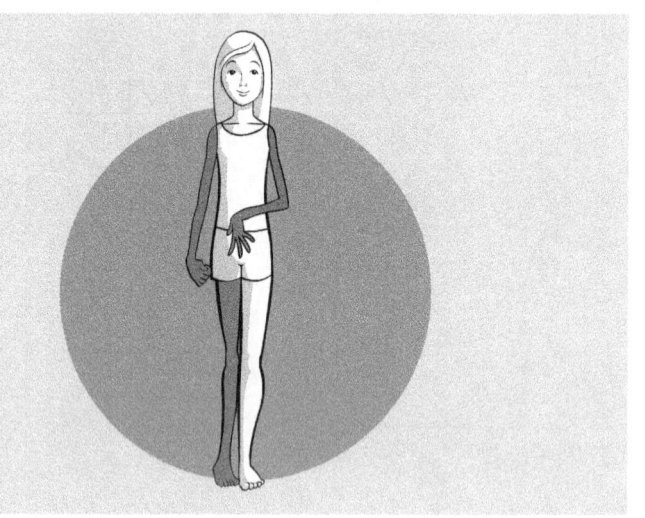

Tetraplegia ou quadriplegia

Quando há paralisia ou fraqueza dos quatro membros. Como principais sinais da tetraplegia, Kijima (2005, p. 22) cita que, "ao caminhar, os braços, a cabeça e a boca podem sofrer contrações, os joelhos [mantém-se] encostados um no outro, [e] pernas e pés [ficam] voltados para dentro". No seu desenvolvimento, percebe-se que as manifestações clínicas são observadas desde o nascimento e se agravam conforme a criança vai crescendo. Como principais manifestações ocorre a hipertonia dos músculos dos membros superiores e inferiores e a hipotonia (perda de tônus) dos músculos eretores da cabeça e do tronco, refletindo na incapacidade de sustentar a cabeça na época esperada. Tal atraso compromete a manipulação de objetos com os membros superiores e também os padrões motores de sentar, engatinhar ou ficar em pé no tempo esperado. A fala é rudimentar ou ausente, o sono é frequentemente agitado, a salivação é excessiva e normalmente há a ocorrência de disfagia (dificuldade para engolir). Durante o choro, a hipertonia se evidencia, ocorrendo hiperextensão do tronco e dos membros, ou seja, todo o corpo se estende. Os membros inferiores ficam em extensão e adução, formando um X, às vezes em posição viciosa com posição de pé equino (representa um posicionamento errado do pé, em uma posição caída, e a pessoa não consegue levantar o pé, mantendo uma posição parecida com o pé do cavalo) e flexão das pernas sobre as coxas. Os membros superiores ficam muito espásticos, com o cotovelo e o punho em flexão. Ocorre incapacidade motora, às vezes necessitando de várias correções cirúrgicas ao longo da vida. Os casos com espasticidade muito intensa apresentam persistência dos reflexos arcaicos, os quais precisam ser trabalhados intensamente na reabilitação. Muitas das pessoas com tetraplegia têm uma lesão cerebral tão severa que dificilmente poderão vir a andar.

Em relação ao desenvolvimento cognitivo, há uma diminuição das funções intelectuais. Com relação ao orgânico, a criança sofre frequentes infecções nos pulmões e nas vias aéreas superiores.

FIGURA 4.6 –
TETRAPLEGIA

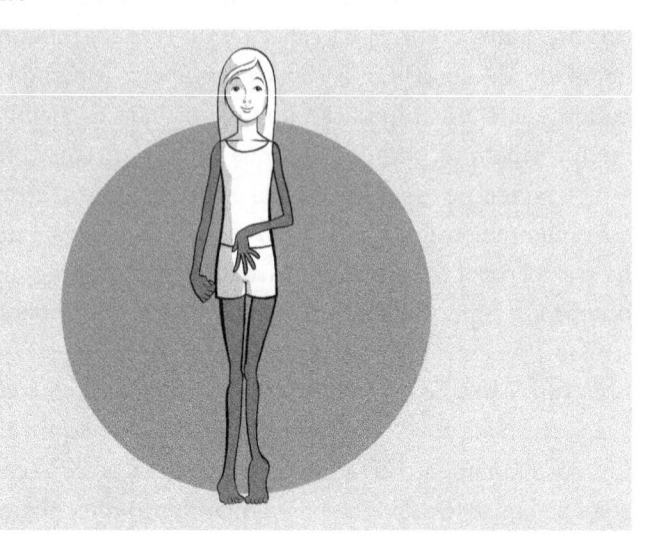

Além da classificação segundo a localização e a distribuição da debilidade muscular, temos a classificação segundo o grau afetado.

4.2
GRAU AFETADO

De acordo com Bueno e Resa (1995), o grau afetado da PC pode ser:

- LEVE: existem indícios patológicos (sinais de que existem prováveis complicações) sem apresentar alterações funcionais.
- MODERADA: existem indícios patológicos com alterações funcionais.
- SEVERA: existem indícios patológicos que impedem totalmente a realização de funções.

Todas essas classificações acusam se houve lesão e que parte do sistema nervoso alterou o controle neurológico sobre os músculos (se a área cortical ou subcortical, por exemplo), afetando os movimentos da pessoa. Se, por exemplo, a lesão afetar a área da linguagem (localizada no cérebro), a pessoa não falará ou falará com dificuldade.

Segundo Adams, Victor e Ropper (2002), as considerações diagnósticas nos casos de paralisia podem ser simplificadas com o uso da subdivisão, baseada na localização a partir da origem de suas lesões no SNC e na distribuição da debilidade muscular.

4.3
Tipo clínico

Nesta classificação, são observadas a situação em que a pessoa passou a ter a PC, o tamanho da lesão no cérebro, a idade em que ela passou a possuir a deficiência motora, quais comandos dos músculos e nervos estão preservados e quais foram danificados (chamado de envolvimento neuromuscular).

A análise do tipo clínico se divide em: espástica, discinética ou extrapiramidal e atáxica.

PC do tipo espástica

É o tipo mais comum de PC e está relacionado à contração excessiva (chamada de *hipertonia*) dos músculos. Acomete 73% das crianças que nascem com PC e está localizada no córtex cerebral, afetando o sistema piramidal. Caracteriza-se, então, por uma musculatura tensa, contraída, difícil de ser movimentada, a qual torna-se mais contraída e rígida com a movimentação e gera gestos bruscos, lentos e anárquicos, resistindo ao alongamento dos músculos no movimento passivo. A coordenação e as ações tornam-se desajeitadas e, muitas vezes, impossíveis. "Esta rigidez tende a aumentar quando a criança vai emitir um comportamento voluntário, quando está aborrecida ou excitada ou, ainda, quando o seu corpo está em determinadas posições" (Kijima, 2005, p. 21).

Como a espasticidade (contração muscular) predomina em alguns grupos musculares e não em outros, é comum o aparecimento de deformidades articulares, refletindo em movimentos mais vagarosos das extremidades do corpo.

Geralmente, na fase infantil, as crianças com PC do tipo espástica apresentam:

- os membros inferiores cruzados como uma tesoura;
- os pés em ponta (estendidos);
- os membros superiores com os dedos fletidos (dobrados);
- o polegar encolhido dentro da palma da mão;
- encurtamento nos membros e deformidades nos quadris – observando que a indicação de aparelhos ortopédicos podem controlar esse caso;
- contração inadequada de músculos antagonistas ao movimento – devido a qual tem, como consequência, uma imagem deformada de seus movimentos.

É necessário um bom posicionamento postural para que a pessoa seja capaz de manipular e explorar os objetos.

FIGURA 4.7 –
ESPÁSTICO

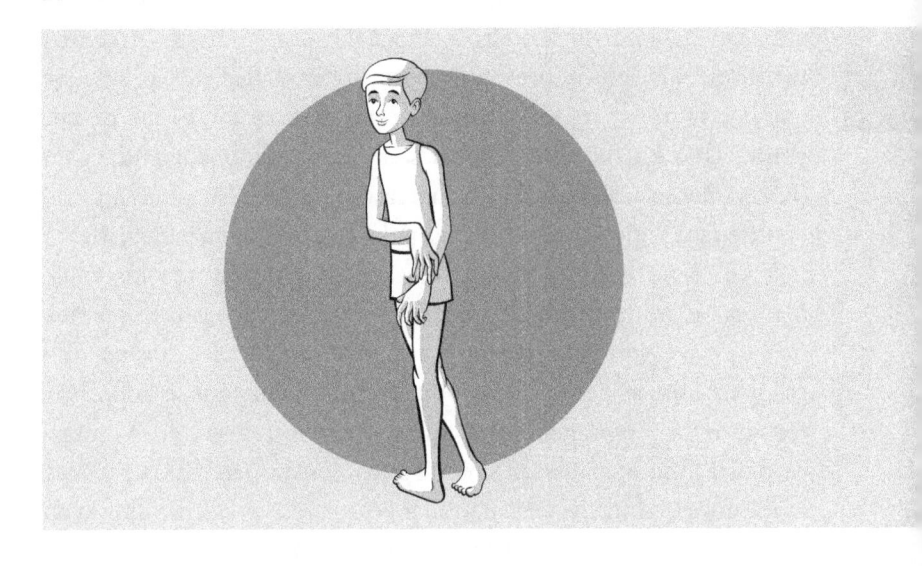

PC DO TIPO DISCINÉTICA OU EXTRAPIRAMIDAL

Corresponde a aproximadamente 20% a 30% dos casos de paralisia, sendo o segundo tipo de PC mais comum no nosso meio. Caracteriza-se por distonia (variações de tonicidade muscular) e movimentos involuntários, afetando o sistema extrapiramidal[2] e, por conseguinte, a organização dos movimentos finos e delicados que dependem do ato voluntário e controlado, os quais são classificados como: atetoide, coreico e distônico.

---

2   Conforme Bueno (1998), o sistema extrapiramidal envolve um grupo abrangente e diverso de áreas de controle motor, que se integram em diversos níveis em todo o trajeto do sistema nervoso central, desde a medula espinhal até o córtex cerebral. Ele mantém os ajustes posturais, controla o movimento automático e colabora no preparo dos movimentos voluntários e controlados.

Atetoide

Situados nos gânglios basais, que são órgãos ou núcleos que se associam ao controle motor e à emoção, representam movimentos involuntários lentos presentes nas extremidades dos pés e das mãos, e também da língua, que se movimenta em forma de serpente. Ou seja, os movimentos são sinuosos, concorrendo com o movimento voluntário, e acarretando, assim, em uma falta de coordenação global. Em outras palavras, o sistema muscular é instável e flutuante. Frequentemente os movimentos instáveis, ora lentos, ora rápidos, aumentam com as situações estressantes ou que envolvem emoções intensas. Quando são afetados os músculos da fala, as pessoas apresentam dificuldade em se expressar, tornando a linguagem oral quase incompreensível. A mímica facial é comprometida com caretas constantes. Essas reações involuntárias interferem quando a pessoa tenta realizar uma ação voluntária (Bueno; Resa, 1995). Se, por exemplo, a criança se interessa por um bichinho de pelúcia que está em cima do balcão e o quer, só o fato de tentar pegá-lo ou mesmo de expressar seu interesse pela fala, associado às emoções e à ansiedade causada pela iminência de pegá-lo, já desorganiza sua ação voluntária.

Ainda, segundo Bueno (1998, p. 112) e Bueno e Resa (1995), entre as manifestações mais características, assinalam-se:

- tensão muscular;
- instabilidade postural;
- retorcimentos e movimentos involuntários irregulares e de forma continuada.

Bueno (1998, p. 112) comenta também que "o tônus flutuante e o desencadeamento de movimentos anormais e desnecessários deturparão a imagem corporal e a imagem do movimento".

A marcha também pode ser adquirida tardiamente, ocasionada pela instabilidade postural e pelas ações descoordenadas que acompanham seu crescimento.

Essas pessoas têm muita dificuldade em manipular objetos, com quase total impossibilidade de executar atividades que envolvam a motricidade fina. Por isso, recomenda-se o uso de pulseira de chumbo e de materiais mais pesados.

Coreico

São movimentos involuntários e rápidos, amplos e irregulares – que comprometem os músculos nas partes próximas das extremidades do corpo, como os dedos dos pés e das mãos – presentes quando a pessoa está parada e que aumentam em cada movimento voluntário e intencional realizado. Essas características podem ser agravadas mediante estresse, excitação e febre.

Distônico

São movimentos atetoides (lentos e desorganizados) mantidos como posturas fixas que podem se modificar após algum tempo. Segundo Brasil (2006, p. 18), "há um aumento repentino da tensão do músculo, levando à fixação temporária de um segmento do corpo em uma postura extrema". Ou seja, apesar de desorganizados e de alterarem o controle de qualquer ação, como, por exemplo, andar e chutar uma bola, a dificuldade aparece nos movimentos em momentos inesperados, com a contração de algum músculo que não se envolve necessariamente na ação, podendo levar ao desequilíbrio ou à dificuldade de a criança chegar até a bola.

Somente no tipo distônico as deformidades não se encontram tão presentes, visto que há mudança de tônus na musculatura entre a tensão e o relaxamento, ainda que de forma inconstante e descontrolada.

PC DO TIPO ATÁXICA

É a mais rara das paralisias, sendo o tremor involuntário do corpo todo, em diferentes intensidades em cada parte, sua principal característica (ou seja, pode ser mais acentuada nos membros inferiores e em menor intensidade nos superiores). É relacionada com a diminuição da tonicidade muscular, a dificuldade para se equilibrar e a descoordenação dos movimentos, podendo haver, ainda, a fala comprometida. Nesse tipo de PC, a área cerebral afetada é o cerebelo. Aparece, assim, o desequilíbrio motor e a falta de coordenação, com movimentos sem ritmo, graduação e direção. As pessoas com ataxia podem apresentar dificuldade para se sentar ou ficar de pé, caindo com frequência e fazendo uso das mãos de maneira muito desajeitada. Geralmente necessitam de suporte físico para permanecerem sentadas, sem cair. Esses fatores fazem com que o deslocamento se realize de forma muito lenta e insegura e, ocasionalmente, provoquem um modo de andar em que se amplia a base de sustentação para compensar esses transtornos, ou seja, um andar com as pernas mais abertas para controlar o possível desequilíbrio (Bueno; Resa, 1995).

Entre as manifestações mais características, apresentam-se:

- perturbação cinestésica: que representa a dificuldade de perceber a pressão e a localização dos objetos no espaço pela sensação tátil;
- baixo tônus muscular: predominando movimentos lentos e sem força;
- dificuldades no equilíbrio: ocasionando quedas e descontrole ao, por exemplo, subir ou descer uma escada;
- problemas para coordenar os movimentos, por exemplo, pegar um pote e desrrosquear a tampa;
- fala pastosa e sem entonação;
- possível ocorrência de nistagmo, ou seja, um rápido movimento involuntário dos olhos.

FIGURA 4.8 –
ATAXIA

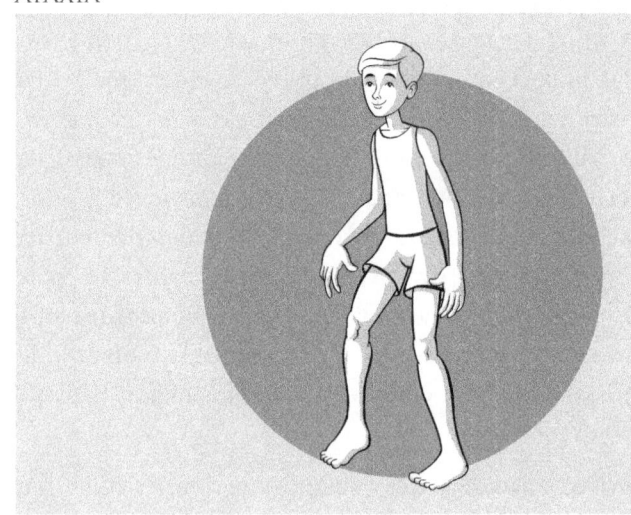

Em geral, essas crianças andam de pernas abertas para facilitar a base da sustentação do corpo, pois nas primeiras etapas de desenvolvimento sobressai-se a hipotonia muscular e, com isso, ocorre um retardo das habilidades motoras e da linguagem, esta última por se tratar também de uma área motora no cérebro, sobretudo a fala. Contudo, a ataxia tende a melhorar com o tempo, se bem trabalhada.

As atividades recomendadas deverão envolver a simetria do corpo, ou seja, atividades que envolvam os dois lados do corpo ao mesmo tempo, como gestos de abrir lateralmente os braços e fechar, movimentos de abrir e fechar as pernas na piscina, entre outros. Sugere-se utilizar materiais mais pesados nas atividades, para ajudar o controle dos gestos e aumentar a tonicidade quando houver o aumento da hipotonia presente.

A compreensão da caracterização, localização, tipo e grau afetado relacionada à PC, é fundamental para pais e professores, de modo que seja possível oferecer melhores condições tanto na educação inclusiva quanto na qualidade de vida destas pessoas.

É muito importante que o professor tenha acesso ao laudo médico, que conheça as terminologias e os conceitos e que saiba diferenciar os tipos de paralisia. Dessa forma poderá, por exemplo, diferenciar uma criança espástica grave de outra que tenha um quadro distônico. Conhecendo as diferenças existentes entre estes quadros, saberá, por exemplo, que, para alunos espásticos, deverá propiciar o uso de materiais maiores e mais leves porque não desencadearão a contratura extremada e o descontrole na precisão dos movimentos; para os distônicos, o contrário, pois materiais mais pesados exigirão a manutenção da contratura muscular necessária para que a criança consiga segurar o objeto, de forma que não oscile entre a contração e o relaxamento naquela determinada ação motora.

Em ambos os casos, as deformidades parecerão fixas (ou espásticas ou distônicas em qualquer situação). Ou seja, representarão aparentemente que serão sempre contraídos, ou sempre oscilantes em seu movimento. Porém, no caso do distônico, as deformidades serão devido à movimentação involuntária, ou seja, sem controle intencional, e poderão ser retrocedidas após algum tempo com medidas terapêuticas associadas, como tratamentos de reabilitação com terapeuta ocupacional ou psicomotricista, em que a criança consegue executar o comando mental e a realização da ação (segurar a asa da caneca de leite, por exemplo) adequadamente.

4.4
A CRIANÇA COM PC NA ESCOLA

Como existem tipos variados de paralisia, é de extrema importância para os profissionais da educação identificarem a sua tipologia, pois somente assim poderão desenvolver um trabalho adequado para cada aluno.

> *Na escola encontraremos alunos com diferentes diagnósticos. Para os professores será importante a informação sobre quadros progressivos ou estáveis, alterações ou não da sensibilidade tátil, térmica ou dolorosa; se existem outras complicações associadas como epilepsia ou problemas de saúde que requerem cuidados e medicações (respiratórios, cardiovasculares, etc.). Essas informações auxiliarão o professor especializado a conduzir seu trabalho com o aluno e orientar o professor da classe comum sobre questões específicas de cuidados.* (Bersch; Machado, 2007, p. 23)

Portanto, deve-se solicitar à família que providencie com o médico do aluno um laudo com a descrição do diagnóstico para que a equipe docente possa estudar e planejar a estratégia de aprendizagem e as adaptações necessárias a serem desenvolvidas com ele.

É de fundamental importância que o professor "tenha conhecimento sobre o desenvolvimento neuropsicomotor da criança, as alterações orgânicas associadas e as características específicas da deficiência física, para propiciar à criança educação de qualidade" (Carvalho, 2000a, p. 119).

Segundo Brasil (2006, p. 36), é preciso compreender que os problemas motores

> *não estão localizados no órgão físico, ou seja, não estão localizados nas partes do corpo que estão comprometidas, não cabendo, portanto, em sala de aula, qualquer tipo de treino motor, exercícios de repetição ou quaisquer outros que visem aquisição de funções adequadas, porque a causa dessas disfunções é neurológica e está localizada no sistema nervoso central.*

Confirmando as observações apresentadas, observamos que mesmo com distúrbios e limitações motoras, as crianças com paralisia tendem a desempenhar atividades funcionais de sua rotina diária em uma sequência semelhante às das crianças, com desenvolvimento normal, entretanto, em períodos mais prolongados de tempo quando suas limitações assim o permitem (Brasil, 2002). Sendo assim, o professor deve prever em seu plano de ensino a possibilidade de uma adaptação curricular relacionada à temporalidade, promovendo as condições para que essas crianças executem as tarefas em um maior período de tempo, podendo inclusive dividir a tarefa em dois tempos, metade sendo executada no tempo dos demais e metade sendo levada como tarefa para casa, por exemplo.

O profissional que for trabalhar com uma criança com PC enfrentará algumas dificuldades no que se refere ao prognóstico dela. Em outras palavras, a sua evolução e o seu progresso estarão sempre relacionados ao investimento da família, dos professores e dos profissionais no que se refere ao seu empenho pessoal e constante, mas nunca se terá certeza sobre até onde o potencial de cada aluno poderá chegar. Em vários parâmetros clínicos descritos na literatura existem bons indicadores de que essa criança chegará a deambular, ou seja, marchar. Já em relação à fala, o prognóstico é mais difícil. Ela poderá apenas emitir sons sem significado, por conta de sua espasticidade facial (excesso de contração) passando pelo balbucio até conseguir soltar sons com significado e compreensão.

Sabe-se que, apesar de não haver cura para a PC, é possível fazer muito para que a criança que tenha essa deficiência seja o mais independente possível. Ela necessita de um tratamento multidisciplinar: equipe de atendimento especializado e de apoio – geralmente envolvem um fisioterapeuta, um terapeuta ocupacional, um psicomotricista e um professor de apoio ou psicopedagogo – que presta auxílio à família, à criança e aos professores de sala, oferecendo recursos e estratégias constantes, acompanhando a evolução da criança e também tratando-o em atendimentos de reabilitação.

As crianças com PC mais grave necessitam de atendimento educacional especializado durante o período de alfabetização e algumas delas conseguem, depois, acompanhar as atividades de classe regular. Miller e Clark (2002) comentam que o desenvolvimento motor, quando ocorre com atraso, costuma seguir uma sequência própria, desorganizada, dependente da etiologia específica que levou a este atraso, trazendo consequências importantes nas interações que a criança faz no seu ambiente, podendo promover alterações secundárias com influência imediata no desempenho de habilidade de vida diária.

Sendo assim, é importante que os pais e os profissionais envolvidos compreendam essa sequência própria para que possam contribuir com seu desenvolvimento. Por exemplo, existem crianças com hemiplegia que não engatinham nos padrões normais, arrastando-se sentado apenas, por conta dessas limitações. Essa alteração em sua sequência lhe trará uma percepção diferenciada do seu peso de corpo, sempre mais direcionada ao lado do corpo não acometido, e poderá refletir quando começar a desenhar ou perceber as letras, pois poderá perceber mais letras e números em determinado lado do papel que do outro, ou mesmo seu desenho estará mais limitado ao lado do corpo não prejudicado.

Por conta de situações como essa, apresentaremos, no capítulo a seguir, os recursos e as adaptações metodológicas relacionadas às deficiências motoras, de modo que o professor e os familiares possam encontrar alternativas concretas para auxiliar o desenvolvimento da autonomia de pessoas com deficiência motora no que se refere às suas necessidades educacionais.

Histórias que ensinam

FELIZ ano velho. Direção: Roberto Gervitz. Brasil: Universal, 1987. 111 min.

5

NECESSIDADES EDUCACIONAIS ESPECIAIS DE ALUNOS COM DEFICIÊNCIAS MOTORAS

Com base no conhecimento teórico sobre a deficiência motora apresentado no capítulo anterior, mostraremos como propiciar ao aluno avanços em seu processo de aprendizagem. Destacamos que o professor pode oferecer condições compatíveis às possibilidades de cada aluno deficiente motor, promovendo o estímulo necessário para sua autonomia, adaptando o currículo, elaborando atividades e facilitando ações que contemplem as necessidades educacionais especiais.

As necessidades educacionais especiais foram definidas e adotadas a partir da Declaração de Salamanca (Brasil, 1994) e se referem aos indivíduos "cujas necessidades decorrem de sua elevada capacidade ou de suas dificuldades para aprender" (Brasil, 2003, p. 28). Nesse sentido, aluno com necessidade especial é aquele que precisa de recursos pedagógicos e metodologias educacionais específicas que o auxiliem na aprendizagem. Um aluno com necessidade educacional especial pode ou não ter deficiência motora, porém, todo aluno com deficiência motora tem alguma necessidade educacional especial.

A expressão *necessidades educacionais especiais*

> *tem o propósito de deslocar o foco do aluno e direcioná-lo para as respostas educacionais que eles requerem, evitando enfatizar os seus atributos ou condições pessoais que podem interferir na sua aprendizagem e escolarização. É uma forma de reconhecer que muitos alunos, sejam ou não portadores de deficiências ou de superdotação, apresentam necessidades educacionais que passam a ser especiais quando exigem respostas específicas adequadas.* (Brasil, 2003, p. 29)

Historicamente, a educação especial foi muito ligada à iniciativa de caráter assistencial, sobrevivendo à custa de filantropia e de poucos recursos transferidos pelo poder público.

A Declaração de Salamanca (Brasil, 1994), promulgada em 1994, proporcionou uma oportunidade única de colocação da educação especial dentro da estrutura de educação para todos. A referida declaração comenta que os jovens com necessidades educacionais especiais devem receber ajuda para fazer uma eficaz transição da escola para a vida adulta produtiva. Nesse sentido, as escolas devem ajudá-los a se tornarem economicamente ativos e lhes prover as habilidades necessárias no dia a dia, oferecendo treinamento em habilidades que respondam às demandas sociais e de comunicação e às expectativas da vida adulta. Para tal, é necessário que as metodologias de ensino sejam apropriadas, incluindo experiências diretas em situações de vida real, a qual não pode estar encerrada no universo da deficiência, apenas.

A escola inclusiva, que é aquela "ligada à modificação da estrutura, do funcionamento e da resposta educativa que se deve dar a todas as diferenças individuais, inclusive as associadas a alguma deficiência" (Brasil, 2000b, p. 28), tem sido caracterizada como um espaço social privilegiado para a aprendizagem conjunta e incondicional nas classes comuns, com a inserção de alunos deficientes ou não (mas que apresentam necessidades educacionais especiais), uma vez que favorece o desenvolvimento de sentimentos de respeito à diferença de cooperação e de solidariedade.

Dando seguimento ao aparato legal a favor da educação inclusiva, nos Parâmetros Curriculares Nacionais (Brasil, 1997), uma das propostas de educação é trabalhar para que o ser humano possa viver em grupo de forma produtiva. Para isso, é abordada a importância do meio sociocultural em que vive. Assim, a educação procura criar situações em que conhecer, apreciar e valorizar algumas das diferentes manifestações da cultura corporal, bem como desfrutá-las, são necessárias para a troca de ideias e experiências, com o objetivo de desenvolver as potencialidades num processo democrático e não seletivo. Também, no referido documento, é abordada a complexidade das relações entre o corpo e a mente de cada aprendiz, e, dessa forma, a educação visando à igualdade de oportunidades, possibilitando a aprendizagem e o desenvolvimento para todos (Oliveira, 2002, p. 41). Os PCNs também apontam a importância do desenvolvimento do conhecimento ajustado do aluno e do sentimento de confiança em suas capacidades físicas, afetivas, cognitivas e éticas, em sua inter-relação pessoal e de inserção social, assumindo seus valores e seus limites e agindo sempre com responsabilidade.

Conforme a Resolução n. 2/2001[1], "os sistemas de ensino devem matricular todos os alunos, cabendo às escolas organizar-se para o atendimento aos educandos com necessidades educacionais especiais, assegurando as condições necessárias para uma educação de qualidade para todos". A presente resolução estabelece em seu art. 3º que a educação especial pode apoiar, complementar, suplementar e, em alguns casos, substituir os serviços educacionais comuns, no caso, a escola regular (Brasil, 2001).

A Resolução n. 2/2001 em 2009 foi complementada pela Resolução n. 4/2009[2], a qual estabeleceu que toda criança com necessidades educacionais especiais deve ser matriculada no ensino regular, e tendo condições de acompanhar o currículo (mesmo com adaptações), deve seguir em sua escolaridade. Somente aqueles que não tenham condições de acompanhá-lo devem ser encaminhados para o atendimento educacional especializado e ali receber atendimentos mais individualizados até que consigam atingir a condição de acompanhar o processo de escolarização.

Atualmente, sabemos que a educação escolar regular já comporta muitos alunos com necessidades educacionais especiais, visto que a partir de 1º de janeiro de 2010, com base na Resolução n. 4, todas as crianças com necessidades educacionais especiais passaram a ser matriculadas na rede de ensino regular, com o objetivo de não promover espaços de segregação. Porém, é necessário destacar que as políticas públicas ainda não conseguiram efetivar a completude dessa execução, visto que há que se preparar melhor o professor para que ele tenha condições de efetuar uma inclusão responsável.

Delimitando nossa reflexão para o aluno com deficiência motora, é fato que todos eles devem passar primeiramente por uma

---

1 A Resolução n. 2, de 11 de setembro de 2001, está disponível em: <http://portal.mec.gov.br/cne/arquivos/pdf/CEB0201.pdf>.

2 A Resolução n. 4, de 2 de outubro de 2009, está disponível em: <http://portal.mec.gov.br/dmdocuments/rceb004_09.pdf>.

avaliação diagnóstica psicoeducacional, pois será ela que determinará em que estabelecimento esse aluno deverá estar, isso é, na escola regular ou no atendimento educacional especializado.

Com base nessa avaliação, os alunos com casos mais graves e os que não tenham condições de escolaridade serão encaminhados a esses atendimentos especializados, tornando a nomenclatura *escolas especiais*[3] extinta na maior parte do Brasil[4].

Quando o aluno com deficiência motora ficar na escola regular e, portanto, de acordo com a avaliação psicomotora e psicoeducacional, possuir condições intelectuais para acompanhar seu nível de escolaridade, a realidade vigente pressupõe que a escola e o professor realizem todas as adaptações curriculares necessárias para esse aluno, e que, quando necessitarem, recebam em paralelo ao ensino regular atendimento educacional especializado no turno contrário à escola regular.

Dessa forma, é possível compreender e auxiliar o processo de desenvolvimento ao longo da vida de cada um, dentro de suas especificidades, não deixando de respeitar uma sequência no seu processo de desenvolvimento, procurando assimilar e transmitir informações de forma clara e prazerosa. Isso se torna uma necessidade, visto que a evolução do aluno está relacionada com a sua produção material sobre o meio a partir das relações e do maior número de vivências e experiências que consiga estabelecer em seu desenvolvimento.

---

3   As escolas especiais vigentes passam a ser Centros de Atendimento Educacional Especializado, dando suporte desde às crianças com deficiência que se encontram em rede regular de ensino, até atendimentos nas áreas de saúde (terapêuticas e de reabilitação) àqueles que assim necessitarem.

4   No estado do Paraná foi aprovado um projeto de lei que mantém e garante a escola especial aos alunos mais comprometidos, e em paralelo, para os alunos com condições de frequentar a escola inclusiva, a realização de avaliações psicoeducacionais e multidisciplinares, além das adequações curriculares necessárias. Ou seja, além dos atendimentos educacionais especializados, o aluno tem acesso à inclusão escolar, sendo preservado, assim, o seu direito à educação.

5.1
AVALIAÇÃO DAS CAPACIDADES PSICOEDUCACIONAIS MOTORAS

Para constituir um espaço significativo de aprendizagem na escola inclusiva, o primeiro passo é avaliar as capacidades do aluno. Essa avaliação psicoeducacional, anteriormente relatada, deve ser realizada de forma transdisciplinar – e não somente na perspectiva médica com enfoque neurológico – contemplando informações de natureza biomédica, física, psíquica, socioafetiva, educacional e psicomotora.

A avaliação transdisciplinar permite a percepção da pessoa de uma forma totalizada, envolvendo tanto as relações que estabelece com o meio, com os objetos e as pessoas, como também a maneira que a pessoa organiza e constrói suas atitudes, ou seja, como se apresenta e produz conhecimentos, sobretudo no aspecto funcional. O transdisciplinar envolve o lugar de redefinição das identidades profissionais estabelecidas, gerando novos conhecimentos, produzindo práticas e possibilidades de transformação no campo acadêmico (Weil, 1993; Nicolescu, 2000; Fazenda, 2001). Em outras palavras, através de uma avaliação transdisciplinar, é possível que o projeto individualizado de trabalho do aluno com deficiência motora seja analisado e proposto em diferentes contextos nos quais ele convive.

Sugere-se que o sistema de avaliação proposto seja desenvolvido de forma que os profissionais envolvidos coletem dados mais precisos e específicos a fim de que, com muito critério, estabeleçam o plano de trabalho a ser realizado ou um prosseguimento da proposta, fazendo as necessárias modificações caso a criança em acompanhamento seja admitida em escola regular e, ainda assim, necessite de um acompanhamento nos setores pedagógico ou terapêutico.

Um ponto importante a considerar é que cada criança tem um amadurecimento diferenciado e pessoal, e a avaliação deverá se pautar em suas capacidades e possibilidades, oferecendo estímulos dentro de suas condições pessoais, adaptando as atividades de todos os níveis escolares a cada aluno com necessidades educacionais especiais. A sala de aula deve apresentar a ele as condições de qualquer outra criança, e as adaptações devem cuidar para que os princípios da inclusão, de atender a heterogeneidade e de todos terem os direitos iguais, sejam contemplados. Por exemplo, se a criança precisa desenvolver a fala, precisa encontrar ambiente para falar e para que haja comunicação. Assim, o professor deve criar condições e espaço para que a criança com deficiência motora fale ou se expresse, em seu tempo e com os recursos que necessita. O mesmo deve ser atentado para se locomover, ou seja, a criança precisa estar presente em atividades que envolvam movimento, mesmo que não as execute. Apesar de ter dificuldades, a criança com deficiência motora tem os mesmos interesses e desejos em jogar, falar e brincar, e estando presente nessas situações, terá mais referência para se desenvolver.

Considerações sobre os espaços educativos

- CLASSE ESPECIAL – é uma classe com um número menor de alunos e que atende àqueles que, porventura, não conseguem produzir e aprender de forma esperada nas turmas regulares. Acontece em uma sala da escola regular e os alunos participam das demais atividades com as classes regulares no mesmo turno que os demais, em caráter extraordinário e transitório, segundo a Resolução n. 2 (Brasil, 2001) a qual institui as Diretrizes Nacionais para a educação de alunos que apresentem "necessidades educacionais especiais", na educação básica, em todas as suas etapas e modalidades. Na classe especial se estudam os conteúdos programáticos trabalhados nas classes regulares, porém, são desenvolvidos individualmente, obedecendo ao ritmo e às condições físicas e intelectuais de cada aluno[5]. Para isso, são analisados os níveis de desempenho individual, as capacidades físicas remanescentes, as dificuldades motoras e de linguagem, bem como em quais vias a criança apresenta maior facilidade para o aprendizado, a fim de que possam ser traçados objetivos que permitam o acompanhamento ou controle e avaliação do aluno (Carvalho, 2000a, 2000b).

- OFICINAS PROTEGIDAS DE PRODUÇÃO – o Decreto n. 3.298, no capítulo VII, seção IV, artigo 35, parágrafo 4º (Brasil, 1999), considera oficina protegida de produção a unidade que funciona em relação de dependência com entidade pública ou beneficente de assistência social, que tem por objetivo desenvolver programa de habilitação profissional para adolescente e adulto com deficiência, provendo-o com trabalho remunerado, com vista à emancipação econômica e pessoal relativa.
- SALAS DE RECURSOS – é um serviço de natureza pedagógica, no qual o professor especializado em educação especial realiza a complementação ou suplementações curriculares, utilizando equipamento e material específico. Esse serviço realiza-se preferencialmente nas escolas e, quando não se tem essa condição, em local dotado de equipamentos e recursos pedagógicos adequados às necessidades especiais dos alunos, como clínicas parceiras da escola. Pode ser realizado individualmente ou em pequenos grupos. O trabalho desenvolvido na sala de recursos tem como objetivo desenvolver e reforçar as capacidades sensoriais e intelectuais, motoras e de prontidão que antecedem o processo de aquisição de leitura e escrita em busca de maior integração do movimento, pensamento e linguagem.

---

5   Após a Resolução n. 4/2009, que instituiu as diretrizes operacionais para o atendimento educacional especializado, é possível projetar uma progressiva extinção das classes especiais, já que tal resolução preconiza o direito de todo aluno com deficiência à escola regular.

5.2
O ATENDIMENTO EDUCACIONAL ESPECIALIZADO PARA ALUNOS DEFICIENTES MOTORES: FACILITANDO O PROCESSO DE APRENDIZAGEM

Para desenvolver um programa de atividades pedagógicas voltadas para alunos com deficiência motora, não podemos tomar aleatoriamente como referência várias atividades pedagógicas recomendadas em livros ou sugestões de outros colegas. "Cada necessidade é única e, portanto, cada caso deve ser estudado com muita atenção. A experimentação deve ser muito utilizada, pois permite observar como a ajuda técnica desenvolvida está contemplando as necessidades percebidas." (Brasil, 2002).

É necessário que o professor, no âmbito escolar, favoreça a aquisição do maior número de estímulos, estruturando o ambiente de forma adequada às necessidades específicas do aluno atendido, para que possam adquirir o maior número de experiências motoras, sociais e cognitivas.

De forma geral, deve-se empregar nas aulas a mesma didática utilizada com crianças não deficientes, sempre que possível. Conforme Brasil (2005, p. 28), "métodos especiais de ensino só são necessários para as crianças cujas deficiências físicas sejam complicadas por dificuldades de aprendizagem resultantes de lesões neurológicas" e sobre as quais o método utilizado não surte algum efeito, por exemplo, alunos com tetraplegia ou com deficiência múltipla (que não conseguem falar, se movimentar), sendo fundamental, nestes casos, os recursos de apoio pedagógicos e de comunicação. Mesmo assim, o mais recomendado é realizar adaptações de recursos ou curriculares a ter que alterar toda a metodologia. Nesse caso, a metodologia de ensino refere-se ao roteiro ou a estratégias para diferentes situações que o professor venha a enfrentar em sala de aula, com o objetivo de permitir ao aluno que se aproprie dos conhecimentos propostos.

É importante destacar que nenhuma deficiência requer revisões extensas no currículo escolar; muitas vezes, o que realmente é necessário é a efetuação de adaptações curriculares. Porém, "um currículo rígido, inflexível, certamente falhará em satisfazer as necessidades desses alunos" (Brasil, 2005, p. 28), devendo sempre o professor aproveitar as habilidades manifestadas e flexibilizar as estratégias educacionais, reforçando aqui o indicado nesse artigo.

De modo geral, a finalidade da educação é a mesma, em essência, tanto para os alunos com deficiência motora, como para os não deficientes. Entretanto, pode ser necessário que o professor elabore um plano de ensino específico, com adequações de recursos pedagógicos, para auxiliar no aprendizado das crianças com deficiência motora.

Ao longo do desenvolvimento, os alunos com deficiência motora passarão pelas mesmas etapas evolutivas que uma criança dentro dos estágios esperados de desenvolvimento, com algumas limitações e variância entre seus graus de comprometimento, como já vimos anteriormente. Na fase da escolaridade, de um modo geral, ela voltará sua atenção para fora de si mesma e em direção ao mundo, interessando-se pelas relações sociais e pelas histórias de outros colegas. "A natureza dos objetos, seu funcionamento, finalidades, origem e componentes são estímulos atraentes que despertam e mantêm a atenção da criança em seu desejo natural de conhecer" (Carvalho, 2000b, p. 58).

Com esses interesses, estabelecerá a atenção para jogos de habilidade, de operações e de cálculos, de truques, de passos e de regras. Também direcionará sua atitude para uma organização postural que promova a ação, ainda que dependente do auxílio de experiências concretas. E, pouco a pouco, a partir dessas vivências, evoluirá para as experiências indiretas e mais abstratas, favorecendo a representação.

A prática pedagógica deve sempre se preocupar em promover estratégias cognitivas a fim de que estas internalizem os conhecimentos, direcionando-os para a aquisição de conceitos e de valores, organizando as situações de aprendizagem e instigando a criação de soluções por parte da criança que impulsionem seu desenvolvimento integral.

Se for necessário realizar alguma adequação curricular, os educadores devem considerar a importância de organizar atividades que se aproximem ao máximo do que está sendo proposto para os demais colegas. Segundo Carvalho (2000b, p. 23), "o currículo deve ter dinamicidade suficiente para atender às necessidades de todos os alunos, inclusive os que apresentam necessidades especiais".

5.3
ADEQUAÇÕES CURRICULARES PARA O ATENDIMENTO EDUCACIONAL

As adequações curriculares consistem na modificação ou no ajuste feito no currículo escolar para atender aos alunos com necessidades educacionais especiais, de modo a permitir a implantação da educação inclusiva.

Conforme as *Estratégias para a educação de alunos com necessidades educacionais especiais* (Brasil, 2003), as adequações curriculares envolvem as seguintes áreas: objetivos, conteúdos, metodologia e organização didática, processo de avaliação, temporalidade e promoção de acesso ao currículo.

> ## Para saber mais
> BRASIL. Ministério da Educação. Secretaria de Educação Especial. Estratégias para a educação de alunos com necessidades educacionais especiais. (Série Saberes e práticas da inclusão). Brasília, 2003. Disponível em: <http://www.dominiopublico.gov.br/download/texto/me000428.pdf>.

Adequação dos objetivos e dos conteúdos

Com relação à adequação dos objetivos e dos conteúdos, sugerimos a eliminação dos que não sejam significativos ou que não possam ser alcançados pelo aluno com deficiência motora; propomos manter os principais temas, priorizando as áreas ou as unidades de conteúdos mais relevantes. Destacamos os objetivos que enfatizam a adaptabilidade do aluno e o reforço da aprendizagem.

Adequação da metodologia e da organização didática

A adequação da metodologia e da organização didática refere-se às estratégias de ensino-aprendizagem que envolvem, entre outras ações, a alteração do nível de complexidade e abstração das atividades e a elaboração de atividades complementares específicas para o aluno com deficiência.

Com relação à metodologia de ensino, sugerimos modificar os critérios e procedimentos, como a disposição de todos na sala de forma que o aluno com deficiência motora possa trabalhar melhor e ter boa integração social. O desenvolvimento da criança dependerá da possibilidade que ela tenha de explorar seu ambiente, e de interagir com coisas e pessoas. Isso indica a importância de se estabelecer interações de qualidade entre adultos e crianças e do planejamento de situações de aprendizagem envolvendo as crianças entre si, reconhecendo-as capazes de ensinar e aprender umas com as outras.

ADEQUAÇÃO DA AVALIAÇÃO

A adequação da avaliação refere-se à seleção ou à adaptação de instrumentos avaliativos de forma a atender a necessidade do aluno com deficiência. Como o aluno com deficiência motora possui restrições em suas vivências por conta de suas limitações, a avaliação escolar dele deve ser adaptada. Devido à dificuldade de generalizar conteúdos ser maior, é preciso que sejam utilizadas as mesmas referências empregadas na sala de aula. Nesse caso, o que será adaptado é a maneira do aluno demonstrar o seu conhecimento.

Para entender melhor, acompanhe um exemplo: em uma prova, quando o aluno com deficiência não é capaz de escrever, devemos utilizar uma matriz de respostas com múltipla escolha. O aluno aponta (ou acena positivamente enquanto o professor indica as possibilidades de resposta) a letra correta da questão e o professor anota na prova. Quando o aluno com deficiência motora for capaz de escrever, ainda que com dificuldade, as provas podem, então, ser discursivas. Nesse caso, devemos ampliar a fonte das letras das questões e utilizar folhas em tamanho maior que as demais (ver caderno ampliado) para que ele mesmo possa fazer o registro.

Acompanhe, agora, outro exemplo de adaptação na avaliação: se, na aula de matemática, o professor usou um mercado como cenário de uma situação-problema, citando como ação a compra de objetos de higiene, deverá usar igualmente a circunstância do mercado na avaliação, apenas modificando o produto, como, por exemplo, a compra de produtos de limpeza. Assim, o aluno terá maior facilidade em associar o conteúdo matemático aprendido e transpô-lo em uma situação avaliativa.

É importante salientar que o processo avaliativo deve ser diário, isto é, após o término de cada dia, somado ao bimestral ou semestral, com relatos descritivos individuais de cada criança e de esta frente ao grupo. Como exemplo, sugerimos um diário descritivo, no qual se apresenta o comportamento do aluno na execução das atividades, sua interação com os colegas, seu progresso no aprendizado.

Adequação da temporalidade

São aquelas adequações que ajustam o tempo previsto para a realização das atividades, de modo a respeitar o ritmo próprio do aluno com deficiência motora, pois ele precisa de um tempo maior para realizar suas atividades.

Assim, toda e qualquer adaptação é válida para que esse aluno seja incentivado em sua independência e autonomia. O professor deve dar oportunidades para que ele realize sozinho o maior número possível de atividades.

No entanto, é preciso respeitar o ritmo próprio de aprendizagem de cada aluno, adequando a cada um os equipamentos especializados e os recursos materiais para a execução da tarefa sugerida. Caso o aluno tenha problemas de coordenação, é importante adaptar a avaliação da aprendizagem, de forma que ela seja oral, por exemplo, pela transcrição da fala de um gravador.

Se for um aluno lento por apresentar uma PC atetósica ou atáxica, de forma que o controle dos movimentos é prejudicado, a avaliação pode ser dividida em mais de uma etapa, permitindo assim a maior qualidade da produção do aluno.

Adequação de acesso ao currículo

Conforme Brasil (2003), as seguintes medidas constituem adequações de ACESSO AO CURRÍCULO:

- criar condições físicas, ambientais e materiais para o aluno na sua unidade escolar de atendimento;
- propiciar os melhores níveis de comunicação e interação com as pessoas com as quais convive na comunidade escolar;
- favorecer a participação nas atividades escolares;
- propiciar o mobiliário específico necessário;
- fornecer ou atuar para a aquisição de equipamentos e recursos materiais específicos necessários;
- adaptar materiais de uso comum em sala de aula;
- adotar sistemas de comunicação alternativos para os alunos impedidos de comunicação oral (no processo de ensino-aprendizagem e na avaliação).

Os programas educacionais precisam se tornar compatíveis com as habilidades acadêmicas e a competência curricular do aluno. Ou seja, a adequação curricular se faz necessária, individualizando e atendendo as necessidades de cada aluno com deficiência motora.

No processo de adequação curricular, caso haja a necessidade por parte de algum aluno com deficiência, sugerimos que o professor apresente-as ao conselho de classe da escola, e por conseguinte, deixe registrado no projeto-político pedagógico que tais ações e adaptações serão realizadas.

5.4
ADEQUAÇÕES CURRICULARES DE GRANDE E DE PEQUENO PORTE

Os ajustamentos curriculares, de acordo com Brasil (2000b, 2002, 2003, 2009), visam a adequar o currículo às necessidades educacionais especiais dos alunos. Como visto, dependendo da necessidade encontrada, podem constituir alterações pouco expressivas ou então muito significativas nos conteúdos e nos procedimentos didáticos e avaliativos.

Existem dois tipos de adequações curriculares: as de grande porte e as de pequeno porte. As adequações curriculares de grande porte são aquelas que competem aos órgãos superiores da política e da administração educacional, como construção de passagens largas, rampas de acesso às salas de aula e aquisição de carteiras adaptadas que possibilitam posicionamento adequado para que o aluno possa desenvolver as atividades escolares.

FIGURA 5.1 –
CARTEIRA ADAPTADA

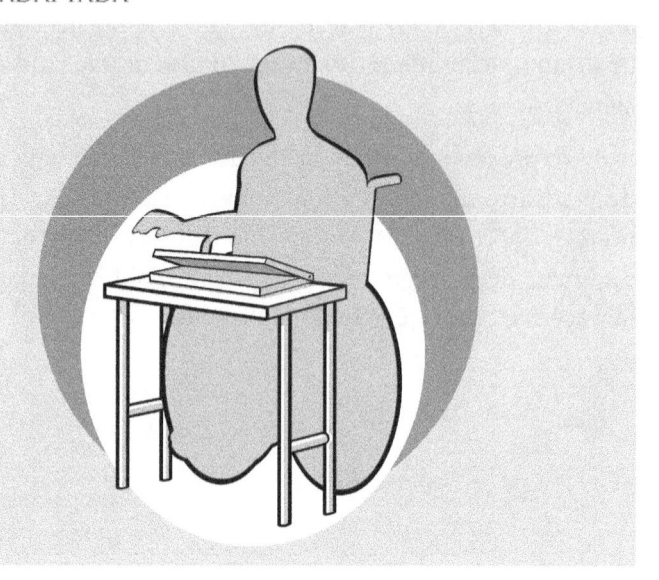

FIGURA 5.2 –
RAMPA DE ACESSO

Fotografado no Centro de Psicomotricidade Água & Vida

As adequações curriculares de pequeno porte representam as ações que o professor pode implementar em sala de aula para favorecer a aprendizagem dos alunos. Estas devem ser contempladas a partir do plano de ensino e gradativamente ajustadas segundo a necessidade do aluno com deficiência motora. A seguir, observe, como exemplo, um adaptador – cadeira confeccionada em EVA, com cintos de segurança cruzados dos ombros até o quadril e outro entre as pernas – que permite à criança com deficiência motora brincar com segurança e certa autonomia no solo (nesse caso, locais como areia ou grama, conforme a Figura 5.3). Ele é indicado para a criança com deficiência motora que apresenta problemas de locomoção autônoma, paraplégicos ou alunos com mielomeningocele que não tem controle de pernas, por exemplo. Normalmente essas crianças utilizam a cadeira de rodas como meio de locomoção e é raro terem a oportunidade de atividades no solo.

Figura 5.3 –
Adequação de pequeno porte

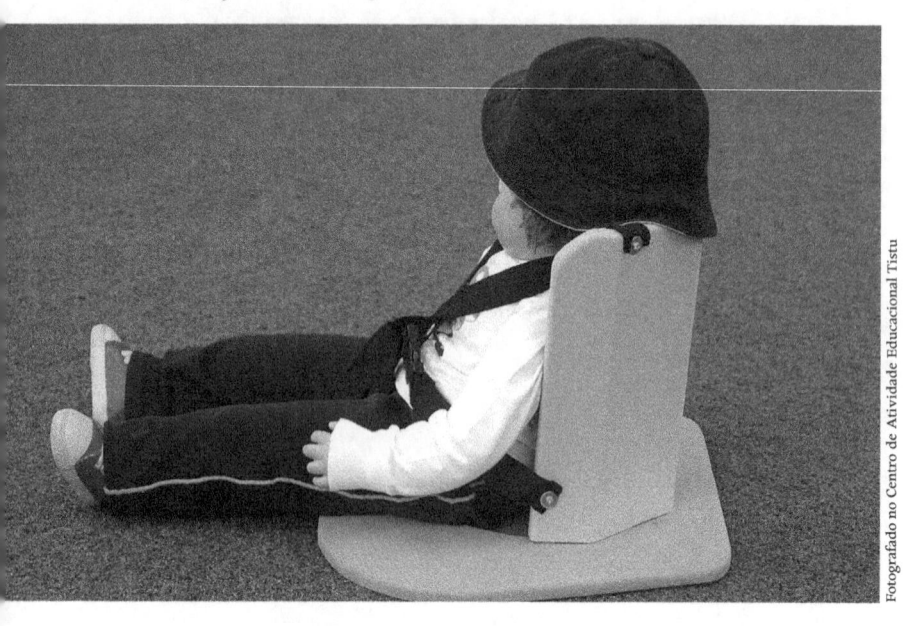

Fotografado no Centro de Atividade Educacional Tistu

Outro exemplo de adequação curricular de pequeno porte é a utilização de placas de madeira e de quadro imantado, ou de quadro com velcro, para que o aluno com limitações na coordenação motora fina consiga pegar fichas ou letras e palavras sem derrubá-las.

O quadro imantado é uma placa de zinco pintada, no qual é possível fixar figuras, letras, números e palavras (com um imã em seu verso), permitindo a manipulação do aluno com maior facilidade.

Passo a passo

Como fazer um quadro imantado

Você vai precisar dos seguintes materiais:

- um pedaço de madeira (50 × 50 cm);
- um pedaço do mesmo tamanho de placa de zinco;
- cola tipo adesivo epóxi pastoso, como Araldite®;

- cola universal;
- tinta branca látex;
- tinta *spray* automotiva da cor que desejar;
- pedaços de EVA com 0,5 cm de espessura;
- pedaços ou pecinhas pequena de imã;
- tesoura.

Observação: A placa de zinco pode ser encontrada em loja de materiais de construção; o EVA e os imãs, em papelarias ou lojas de materiais para artesanato.

COMO FAZER?

1. Lixe a madeira para evitar que sua aspereza machuque a mão do aluno.
2. Passe um pano umedecido e espere secar.
3. Recorte com a tesoura a placa de zinco na mesma largura e comprimento do quadro de madeira. Pinte-a com a tinta branca *spray* automotiva e espere secar.
4. Depois de seca, cole a placa de zinco na madeira com a cola tipo adesivo epóxi pastoso. Siga as recomendações de tempo de secagem da cola.
5. Enquanto aguarda a secagem, passe para o recorte das letras e dos números feitos com os cartões de EVA, que podem ser desenhados com caneta para retroprojetor ou canetas com tinta permanente para vinil e CDs.
6. Atrás da peça, cole com a cola universal o imã, com a face imantada para fora, para permitir a sua aderência ao quadro.

COMO UTILIZAR?

Esse é um material que pode ser utilizado por muitos alunos com deficiência motora em vários níveis do processo de escolarização. As atividades no quadro imantado assemelham-se às do quadro com velcro (apresentadas a seguir), ou seja, permitem uma maior mobilidade das peças no quadro, pois o imã pode ser colocado em qualquer parte da superfície de zinco.

Passo a passo

Como fazer um quadro de velcro

Você vai precisar dos seguintes materiais:

- cartolina ou papelão;
- plástico transparente para revestir a cartolina ou papel adesivo transparente;
- velcro;
- cola branca e cola de pano;
- caneta para desenhar (ou figuras recortadas de revistas, livros etc).

Como fazer?

1. Separe a cartolina (ou papelão) e revista-o com o papel adesivo ou encape-o com o plástico transparente.
2. Recorte outros pedaços de cartolina e cole neles palavras, letras ou figuras com as classes de vocabulário ou sequência de símbolos que se pretende trabalhar com o aluno.
3. Encape-os da mesma forma que a cartolina.

4. Chegou a vez do velcro. Como você sabe, o velcro possui duas partes, um lado chamado de "macho" e outro lado chamado de "fêmea". Estes dois lados se encaixam quando unidos. Atrás de cada cartão cole o verso do lado "macho" com a cola de pano. Repita a mesma ação para cada um dos cartões. Depois cole na cartolina os pedaços de velcro "fêmea" também com a cola de pano.

Observações:

- A espessura dos cartões deverá se ajustar à capacidade de controle motor do aluno, sendo que quanto mais grosso for o cartão, melhor será a preensão e, portanto, melhor será para os alunos mais comprometidos.
- Uma recomendação importante é que a cartolina deve ser colocada por cima de uma base sólida, para que permita ao aluno a manipulação das peças sem amassá-las ou entortá-las. Um cavalete de madeira pode ser apropriado, pois poderá ser movido para qualquer lugar.

Como utilizar?

A maior parte das atividades trabalhadas com o quadro de velcro relaciona-se à associação, na qual se coloca, de um lado, a imagem, e do outro, o aluno coloca a palavra correspondente, ou mesmo na matemática, quando se cola um número de objetos e o aluno cola o número ordinal relacionado.

Pode ser utilizado também como lista de chamada, colocando-se a fotografia de cada aluno da sala e ao lado o cartão com o seu nome.

Figura 5.4 –
Quadro de velcro: figuras em EVA

Nota: Observe na figura um trabalho com sequência lógica.

FIGURA 5.5 –
QUADRO DE VELCRO COM NÚMEROS EM CARTOLINA

Fotografado no Centro de Atividade Educacional Tistu

Cabe destacarmos com relação às adequações curriculares de pequeno porte que as principais adaptações são aquelas estabelecidas pelo professor para melhorar as condições de uma situação específica em sala de aula, ou seja, não existe uma única adaptação a ser realizada de forma generalizada, e sim a personalização de acordo com a especificidade de cada aluno. As adaptações devem estar relacionadas ao currículo delimitado para aquela série.

Salientamos que, apesar das adequações curriculares de grande e de pequeno porte apresentadas, o professor é o principal favorecedor da perspectiva inclusiva, cabendo a este o esforço da transformação inicial.

O trabalho de mediação realizado pelo professor para estimular, incentivar e encorajar o agir do aluno com deficiência motora, assim como o de despertar a curiosidade e o desejo de saber, favorece o acesso dele ao mundo físico e social, promove a exploração do ambiente e a sua formação de conceitos. O apoio à realização de atividades motoras, dentro de suas limitações, é muito importante para estimulá-lo, encorajá-lo e motivá-lo, propiciando a aquisição de conceitos e o conhecimento da realidade de uma maneira mais proveitosa, visto que a mobilidade favorece o desejo de aprender. Despertar e encorajar essas possibilidades de vivência corporal, espacial e temporal[6] faz parte da ação docente e não exige grandes recursos para tal.

FIGURA 5.6 –
ADAPTAÇÃO DE PEQUENO PORTE

Fotografado no Centro de Atividade Educacional Tistu

Nessa figura, observamos um recurso simples e muito eficiente (potes transparentes contendo tampas coloridas de garrafa pet) para trabalhar conteúdos como cores e quantidades. Uma das formas de utilizá-lo é colocar em um dos potes todas as tampas de garrafas e, no outro, na parte externa, fixar um número (com fonte ampliada). A atividade sugerida é solicitar ao aluno que

---

6   A importância das vivências (corporal, espacial e temporal) é observada no momento em que a criança, ao se movimentar, (mesmo com limitações em seus movimentos, como é o caso da deficiência motora) recebe uma gama de sensações de pressão, de temperatura, de contato com diversas superfícies em diversas partes do corpo, de estímulos luminosos, visuais e auditivos, os quais vão trazendo referências sobre o seu corpo e o espaço em que ela se encontra, e ainda, referências de como se situa frente aos estímulos sonoros; dessa forma, a criança se organiza no meio.

retire do pote cheio uma quantidade de tampinhas na cor solicitada – quatro tampinhas na cor amarela, por exemplo – e que as coloque no pote vazio. Assim, o aluno está integrando o conteúdo acadêmico a um exercício visomotor e de dissociação de movimentos – o que é muito importante para o aluno com deficiência motora que possua falhas de coordenação de membros superiores (braços e mãos).

5.5
ADEQUAÇÕES CURRICULARES: QUANDO E COMO COMEÇAR?

As adequações curriculares, sobretudo as de pequeno porte, devem iniciar a partir do momento em que a criança entra na escola, ou seja, na educação infantil. As de grande porte, se envolverem o acesso ao currículo, como a acessibilidade, devem ser planejadas pela escola e devem fazer parte de sua estrutura, independentemente de se ter ou não o aluno com deficiência motora.

De forma geral, são necessários muitos cuidados no decorrer das fases do desenvolvimento infantil, principalmente dos bebês; assim, um programa de intervenção no campo da estimulação precoce é indicado. Entendemos por estimulação o programa que desenvolve atividades que respeitam a capacidade maturacional, por meio de movimentos e jogos, buscando o desenvolvimento da criança com deficiência (Bueno, 1998). Esses programas devem ser realizados dentro do projeto pedagógico da educação infantil. "Atualmente, incentiva-se sua implantação preferencialmente em creches, escolas maternais e pré-escolas, para atendimento às crianças de um modo geral, inclusive as que apresentam necessidades educacionais especiais, evitando seu isolamento em ambientes restritivos e segregativos" (Carvalho, 2000a, p. 120).

A justificativa dessa importância pauta-se na afirmativa de estudos sobre a plasticidade cerebral de que a capacidade de resposta do cérebro, mesmo tendo alguma parte lesionada, estará subordinada a uma intensa estimulação para que áreas vizinhas se reorganizem e assumam as funções das áreas afetadas.

A inclusão no Programa de Estimulação Essencial[7] também é altamente favorável para os bebês com múltipla deficiência (mais de uma deficiência associada), "uma vez que lhe dará oportunidade de convivência e aprendizagem com as demais crianças, em um ambiente rico e estimulador" (Carvalho, 2000a, p. 121).

Conforme o Referencial Curricular Nacional para a Educação Infantil (RCNEI) (Brasil, 1998, p. 33), a educação infantil deve promover o desenvolvimento das seguintes capacidades nas crianças:

- construir uma imagem positiva de si mesma;
- descobrir e conhecer seu próprio corpo;
- desenvolver hábitos de saúde e bem-estar;
- atuar de forma independente, com segurança e confiança em si própria;
- ampliar as relações sociais, aprendendo a articular seus interesses e pontos de vista com os demais, respeitando a diversidade e desenvolvendo atitudes de ajuda e colaboração, estabelecendo vínculos afetivos e de trabalho com adultos, observando e explorando o ambiente com atitude de curiosidade e cuidado e conhecendo algumas manifestações culturais com interesse, respeito e participação.

---

7 Programa de Estimulação Essencial, segundo Bueno (1998), refere-se a um programa dirigido a recém-natos e pré-escolares que contribui para o desenvolvimento harmonioso da criança no começo de sua vida, desenvolvendo atividades que se preocupam com as condições maturacionais que a criança apresenta, procurando despertar o corpo e a afetividade através de movimentos e jogos e promovendo seu desenvolvimento.

Deve, assim, desenvolver as potencialidades da criança de modo a minimizar as consequências de suas deficiências.

De modo geral, o currículo na educação infantil delineia algumas habilidades esperadas para essas crianças, tenham elas necessidades educacionais especiais ou não. De acordo com os Parâmetros Curriculares Nacionais (PCNs), devemos desenvolver atividades compatíveis com o desenvolvimento evolutivo da criança, promovendo o domínio da linguagem, o uso dos objetos cotidianos, a orientação no tempo e no espaço, o desenvolvimento da percepção, da memória, do pensamento e da imaginação, o desenvolvimento de habilidades sociais e de convivência em grupo, bem como o conhecimento do acervo cultural e científico (Brasil, 1997).

Na educação infantil que se propõe inclusiva, o professor deve se preocupar com a aquisição das diversas formas de linguagem (oral, gráfica, plástica e corporal) para que esteja promovendo o domínio da linguagem de acordo com o indicado nos PCNs (Brasil, 1997), estimulando a capacidade linguística, visual, auditiva e psicomotora. Deve favorecer, ainda, a apropriação das primeiras formas de representação a partir de ações concretas voltadas aos conteúdos associados ao raciocínio lógico, às situações-problema, à interpretação e apropriação da realidade, à expressão artística e aos programas de autonomia pelo exercício de atividades da vida diária (higiene, alimentação e vestuário). Para isso, será necessário o uso intenso de objetos em seu cotidiano escolar e práticas pedagógicas que contemplem a diversidade de informações e atendam ao aluno com deficiência motora assim como aos demais.

Apoiada nos RCNEI (Brasil, 1998), as atividades devem contemplar as múltiplas linguagens, ou seja, a corporal, a plástica (artística), a oral e a escrita, quando possível. Quanto mais essas linguagens forem contempladas, mais inclusiva a atividade será, pois terão maiores condições de atender a diversidade.

Na fase pré-escolar, quando houver dificuldade para apreender conceitos mais abstratos, devem ser realizadas atividades com objetos concretos, reais, estimulando a criança para que organize objetos em categorias, enfatizando os aspectos e/ou itens relevantes em um contexto e privilegiando experiências reais antes de passar ao estágio abstrato, seja ele numérico ou linguístico. Um exemplo para essa fala seria apresentar os conceitos *em cima* e *embaixo* exercitando situações em sala nas quais as crianças pudessem realizar um circuito, passando por baixo de uma cadeira – arrastando ou engatinhando –, e depois, com a ajuda do professor, por cima dela. É possível trabalhar também o mesmo conteúdo utilizando blocos de espuma.

FIGURA 5.7 –
CIRCUITO COM CADEIRA

As limitações motoras dos alunos exigem que o professor apresente experiências (sensorial, motora, perceptiva) em maior número, pois a aquisição delas depende da oferta apresentada.

Apresentamos, agora, alguns exemplos de atividades, como indicações de jogos simples de serem confeccionados, os quais representam um diferencial para um trabalho motivante e favorecedor da aprendizagem. Não pretendemos, com as ideias aqui descritas, encerrar as possibilidades do leitor em sua criatividade nem representar modelos, mas oferecer indicações de jogos e atividades lúdicas, com materiais simples e de fácil acesso, para a promoção da aprendizagem.

Como exemplo concreto, acompanhe a Ciranda das cores, indicada para a estimulação sensorial a partir da percepção visual e motora por conta das ações que a criança deva executar, e, ainda, perceptiva na relação dos objetos com o espaço e na disposição desses elementos.

Passo a passo

Como fazer a ciranda das cores

Você vai precisar de:

- um dado;
- retalhos de EVA;
- tampinhas de garrafa PET ou mesmo tampas de garrafa de metal;
- tintas nas cores vermelho, amarelo azul e verde;
- uma cartolina ou pedaço de madeira;
- canetas para retroprojetor ou canetas com tinta permanente para vinil e CDs;
- cola branca ou cola para EVA.

Como fazer?

1. Separe a cartolina ou pinte a base de madeira.
2. Recorte triângulos na cores de EVA escolhidas e círculos que representarão as cabeças nas cores bege, ou branca, ou rosa (aproximando-se da cor de pele).
3. Cole um triângulo ao lado do outro de modo que se forme uma figura oval, tendo a base do triângulo como linha de alinhamento.

4. No vértice de cada triângulo, cole os círculos de cores claras.
5. Pinte em cada círculo as feições de crianças, como também, ao lado, os braços, as pernas e os pés na base do triângulo.
6. Pinte as tampinhas com as cores das roupas (triângulos) das bonecas. Algumas tampinhas devem ganhar cores diferentes das cores das roupas, que representarão as peças dos jogadores.

Como utilizar?

Trata-se de um jogo de tabuleiro. Escolhe-se as pecinhas representantes de cada participante e se inicia a partida com o jogador 1 arremessando o dado e andando o número de casas correspondentes. Ao parar em uma das bonecas, receberá uma tampinha daquela cor. A seguir, o jogador 2 realiza os mesmos passos e assim por diante. O jogo termina quando acabarem as tampinhas. Então, contam-se as tampinhas por cor, e verifica-se quem tem mais em cada cor.

Outra variação é dar uma pontuação diferenciada para cada cor e ao final somar os pontos totais.

Todo jogo ou atividade lúdica favorece a aprendizagem porque envolve a sua prática em atmosfera de prazer e motivação. Assim, é recomendado propiciar ao máximo atividades e jogos lúdicos para promover o enriquecimento da experiência de vida do aluno com deficiência motora, integrando-o à realidade da escola e dos demais colegas, bem como estimulando seus interesses, incitando-o à iniciativa e a respostas espontâneas, com as manifestações corporais próprias, mesmo que limitadas. Dessa forma, o jogo atrairá a todos, tanto os alunos com deficiência motora quanto os demais colegas.

Lamônica (2004) comenta, inclusive, como o desenvolvimento motor é fundamental, relevando que a criança desenvolve sua linguagem nas relações com o ambiente pela exploração ativa por meio da manipulação dos objetos, da repetição das ações, pelo domínio do próprio corpo e controle do esquema corporal. O papel do professor é fundamental para que tal estimulação ocorra a contento.

> *O professor ativo e criador é capaz de encontrar várias maneiras para favorecer o desenvolvimento da coordenação física, à medida que a aprendizagem acadêmica do aluno progrida. Equipamento especial pode também ser pensado, e organizado, com o auxílio de um fisioterapeuta ou de um terapeuta ocupacional.* (Brasil, 2005, p. 30)

ADEQUAÇÕES CURRICULARES NO ENSINO FUNDAMENTAL

Conforme os PCNs (Brasil, 1997, p. 50), é importante que conteúdo voltado ao ensino fundamental seja visto como meio para que os alunos desenvolvam as capacidades que lhes permitam produzir e usufruir dos bens culturais, sociais e econômicos.

> *A aprendizagem de conceitos se dá por aproximações sucessivas. Para aprender sobre digestão, subtração ou qualquer outro objeto de conhecimento, o aluno precisa adquirir informações, vivenciar situações em que esses conceitos estejam em jogo, para poder construir generalizações parciais que, ao longo de suas experiências, possibilitarão atingir conceitualizações cada vez mais abrangentes; estas o levarão à compreensão de princípios, ou seja, conceitos de maior nível de abstração, como o princípio da igualdade na matemática, o princípio da conservação nas ciências etc. A aprendizagem de conceitos permite organizar a realidade.* (Brasil, 1997, p. 51)

De forma geral, podem existir alunos com deficiência motora que possuam outras limitações e deficiências associadas. Desse modo, as adequações curriculares deverão contemplar tanto as necessidades motoras quanto as associadas às demais limitações.

As atividades vivenciais, por exemplo, nas quais se permita a exploração dos materiais e objetos, estariam trazendo essa possibilidade, independentemente do conhecimento ali trabalhado (ou seja, matemática, ciências ou história).

Outra questão importante é que, nessa fase, a maior parte dos alunos com deficiência motora tem o atendimento especializado em turno contrário, ou seja, geralmente tem sessões de fisioterapia, terapia ocupacional ou outras. As pesquisas apontam que as atividades realizadas em um contexto lúdico e funcional, como a escola, por exemplo, sem a característica de "exercícios terapêuticos" ou de treinamento, produzem bons resultados de desenvolvimento e aprendizagem.

Mesmo reconhecendo que as crianças com deficiência motora poderão apresentar dificuldades de aprendizagem, dentro das adaptações curriculares é impraticável sugerir uma determinada metodologia de ensino, visto que é preciso sentir qual o canal de comunicação é o mais eficaz com aquele determinado aluno, levando em consideração as especificidades de sua deficiência. Ou seja, quais seriam seus sentidos mais preservados, qual a sua limitação motora, entre outras, para, em seguida, experienciar as várias estratégias individualmente até perceber por qual caminho a aprendizagem acontece de forma produtiva e crescente.

Cabe ao professor observar, investigar e experimentar quais os canais de comunicação e de aprendizagem de cada aluno, a fim de adequar a metodologia de ensino mais adequada, caso a caso.

Assim sendo, um aluno com deficiência motora pode necessitar de mais adaptações no método de ensino para que ocorra a aprendizagem e outro aluno com deficiência motora poderá prosseguir tranquilamente dentro do mesmo método e das mesmas estratégias utilizadas com os demais alunos.

Ressaltamos que a experimentação prática através de material concreto, principalmente na matemática e no português, é fundamental para o alcance de qualquer objetivo em questão, porque é nesse processo que o aluno se estrutura, elaborando processos mentais que lhe darão condições de fazer a ponte entre o concreto e a capacidade de abstração. O uso de letras ou números em cubos de madeiras, em fichas ou em outro material, por exemplo, auxiliam a compreensão, pois podem ser manipulados, facilitando para o aluno a construção da sua aprendizagem de leitura e escrita.

O aluno, principalmente durante o processo de alfabetização, necessita mais das adequações curriculares de pequeno porte que auxiliam no que podemos chamar de *passo a passo* na construção da aprendizagem, até que sua evolução possa assumir uma autonomia suficiente para que as opções de recursos sejam utilizadas como corriqueiras, como continuidade de seus gestos. Como exemplo, se o ábaco é o apoio na matemática na fase da compreensão do cálculo e nas operações de adição e subtração, posteriormente tal material talvez não seja mais necessário, passando-se somente ao da ampliação das letras, de números e do quadro imantado.

Nessa perspectiva, defendemos a pluralidade de linguagens ao invés da opção de uma única alternativa, percebendo que a variedade de formas de comunicação propicia na criança deficiente motora uma maior autoestima e segurança para estabelecer novas relações e interagir com o ambiente, o qual tem a predominância de alunos sem limitações motoras.

No que se refere às atividades de leitura, sugerimos que esta seja estimulada respeitando-se as adequações que se fizerem necessárias. A leitura silenciosa, por exemplo, pode se tornar fonte de prazer e estímulo do pensamento criativo, abrindo portas para relatos de experiências sobre as quais os deficientes motores não teriam acesso.

Com a contínua vivência de novas experiências buscando facilitar o processo de construção do conhecimento, é possível que se atinja o preparo necessário para a autonomia do aluno na escola de ensino regular ou para a inclusão do aluno em escola regular, se ele ainda estiver em atendimento especializado.

Em resumo, é necessário investir na produção da criança com deficiência motora partindo sempre daquilo que ela pode fazer, deixando-a realizar as atividades à sua maneira (e em alguns casos mais graves de motilidade, permitir que a criança tome consciência do movimento fazendo o traçado e a ação ela própria, emprestando-lhe nosso braço, nossa mão e não fazendo por ela, sem a sua coparticipação), visto que ações voltadas para sua autonomia terão uma contribuição decisiva em seu desenvolvimento pessoal. Ou seja, uma metodologia comprometida faz toda a diferença.

Devemos ter atenção especial às limitações que cada aluno com deficiência motora pode apresentar, como cuidados em seu deslocamento, em sua locomoção, em sua postura e em movimentos adequados à sua condição física. Também precisamos estar atentos à orientação e às recomendações do médico e do fisioterapeuta, devendo tais orientações serem buscadas e observadas periodicamente.

Nesse sentido, a educação na escola regular desde o ensino infantil deve ser executada por meio de ações planejadas, sistemáticas e intencionais, com o objetivo de educar, buscando a socialização da criança, o desenvolvimento de suas capacidades e sua inserção cultural e social.

> PARA SABER MAIS
>
> BRASIL. Ministério da Educação. Secretaria de Educação Fundamental.
> PARÂMETROS CURRICULARES NACIONAIS. Brasília, 1997. 10 v.
> _____. REFERENCIAL CURRICULAR NACIONAL PARA A EDUCAÇÃO INFANTIL.
> Brasília, 1998. 3 v. Volume 1, disponível em: <http://portal.mec.gov.br/seb/arquivos/pdf/rcnei_vol1.pdf>. Volume 2, disponível em: <http://portal.mec.gov.br/seb/arquivos/pdf/volume2.pdf>. Volume 3, disponível em: <http://portal.mec.gov.br/seb/arquivos/pdf/volume3.pdf>.

5.6
RECURSOS EDUCACIONAIS TECNOLÓGICOS

Também chamado de *tecnologia assistiva* (TA), "é uma área de conhecimento que abrange recursos e serviços com o objetivo de proporcionar maior qualidade de vida aos indivíduos com perdas funcionais advindas de deficiência ou como resultado do processo de envelhecimento" (Pelosi, 2008, p. 39). Envolve áreas como mobilidade alternativa, adaptações para realização das atividades escolares – recursos, produtos tecnológicos ou auxiliar – ou mesmo metodologias, estratégias, práticas e serviços que ajudam o aluno com necessidades educacionais especiais.

Os recursos educacionais tecnológicos podem ser combinados de forma a aliar recursos e estratégias para possibilitar a interação desses alunos, tanto na sala de aula quanto nos demais ambientes, através de comunicação e ação eficiente com pessoas com as quais se relaciona; podem variar de ambiente para ambiente e de atividade para atividade. Por exemplo, alguns alunos têm limitações na fala, mas podem se comunicar através de gestos ou de expressões faciais. Esses alunos podem ser beneficiados com a comunicação alternativa, citada a seguir.

Comunicação alternativa

É indicada para alunos com deficiência motora (como os com PC) que possuem problemas motores acentuados os quais impossibilitam a realização de gestos manuais, sendo comum a utilização de sistemas assistidos ou "com ajuda". Conforme Brasil (2004b), por meio da comunicação alternativa, o aluno que esteja impedido de falar poderá comunicar-se ao utilizar recursos desenvolvidos e adaptados para o meio em que está inserido.

Existem vários tipos de sistemas de comunicação alternativa. Entre os quais, o *Portal de ajudas técnicas para educação* (Brasil, 2004b) cita: "tabuleiro de comunicação que contenha símbolos gráficos como fotos, figuras, desenhos, letras, palavras e sentenças", que permitam ao aluno construir sentenças ao apontar para imagens e/ou palavras. Há também sistemas que utilizam tecnologia avançada "como os sistemas computadorizados e *softwares* específicos".

Temos, ainda, o sistema de comunicação alternativa baseado na ortografia tradicional e na linguagem decodificada. A linguagem codificada representa em poucas letras e palavras as principais informações da frase, omitindo artigos, pronomes e advérbios.

Esses sistemas são escolhidos e criados de acordo com as necessidades individuais de cada aluno, ajustados em parceria com a família e com os especialistas se levando em conta as particularidades de cada um. Os sistemas assistivos da comunicação alternativa resultam num sistema expressivo que, através de um auxílio técnico, permite a transmissão de mensagens por intermédio da voz SINTETIZADA* ou de símbolos gráficos como figuras, letras ou textos disponibilizados em pranchas portáteis de comunicação. Também podem ser utilizados comunicadores pessoais compostos por teclado, visor e impressora (opcional), favorecendo as habilidades comunicativas desses alunos.

FIGURA 5.8 –
EXEMPLO DE COMUNICADOR PESSOAL

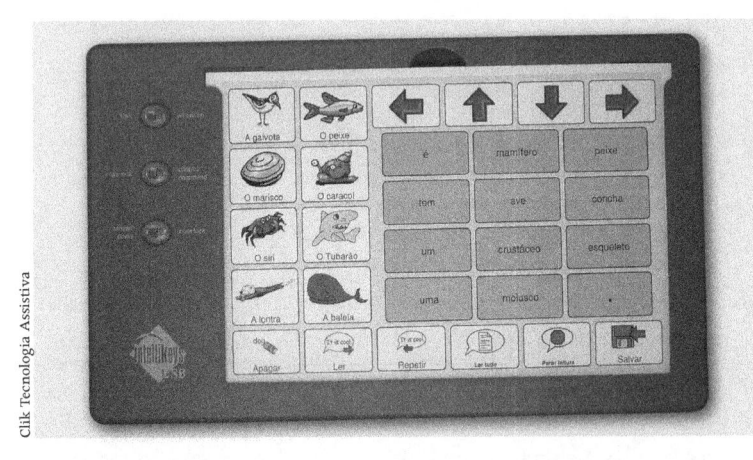

Clik Tecnologia Assistiva

PARA SABER MAIS

BRASIL. Ministério da educação. Secretaria da educação Especial.
PORTAL DE AJUDAS TÉCNICAS PARA EDUCAÇÃO: equipamento e material pedagógico para educação, capacitação e recreação da pessoa com deficiência física – recursos para a comunicação alternativa. Brasília, 2004. (Fascículo 2). Disponível em: <http://portal.mec.gov.br/seesp/arquivos/pdf/comunicacao.pdf>.

Tecnologias assistivas

São adequações de símbolos apresentados através de miniaturas dos objetos reais, fotografias ou desenhos fotográficos, sistemas baseados na ortografia tradicional (que podem ser baseados em letras ou em sílabas), palavras e linguagem codificada. Alguns alunos com limitações físicas talvez precisem de cadernos e linhas ampliadas associados à fixação delas na carteira.

Passo a passo

Como fazer o caderno ampliado

Você vai precisar de:

- material original (caderno com linhas) no tamanho padrão;
- papel mais duro (como papel cartão ou mesmo tampas de caixas);
- papel presente;
- espiral;
- fotocopiadora.

Como fazer?

1. Com o auxílio de uma fotocopiadora, amplie a página do caderno de forma que as linhas fiquem de duas a quatro vezes maior.
2. Alinhe as páginas.
3. Corte o papel cartão (que será a capa) do mesmo tamanho das páginas com linhas ampliadas.
4. Perfure as páginas.
5. Passe o espiral.
6. Encape a capa como papel presente.

Este mesmo processo pode ser feito com livros, adaptando-os para o uso do deficiente motor. Neste caso, cada página de um livro em tamanho padrão será transformado, após ampliado, em quatro páginas. Será necessário fazer ajustes no próprio texto, aumentar o tamanho da fonte, sua espessura, entre outros, para facilitar a visualização.

Depois, é só encadernar ou colocar as folhas ampliadas em um fichário.

COMO UTILIZAR?

O caderno de linhas ampliado ou o livro ampliado são recursos a serem utilizados com a mesma didática que os materiais em tamanho padrão.

NOTA: Comparação entre o caderno em tamanho normal e os cadernos ampliados.

As miniaturas dos objetos reais representam uma forma de aproximar a realidade do espaço físico do aluno com deficiência motora, ainda que em menor escala. Elas devem se aproximar dos objetos em tamanho real, para que o aluno tenha maior consciência de sua representação.

FIGURA 5.9 –
MINIATURAS

Fotografado no Centro de Psicomotricidade Água & Vida

Se o aluno tem muita dificuldade em escrever, é possível substituir a escrita (total ou parcialmente) pelo uso de gravadores portáteis que podem registrar a aula em áudio e, assim, possibilitar também a realização do exercício ou da avaliação com o registro das respostas do aluno em fitas cassete, CD ou MP3, substituindo, desse modo, o registro gráfico. Também é possível ampliar os objetos concretos como o alfabeto móvel e o material dourado, ou ainda, a régua numérica, para que o aluno consiga manipulá-los. Essa adequação também é uma TA.

Nas TAs temos, ainda, o computador, o qual pode ser operado pelo aluno com limitações físicas de várias maneiras: pelo sistema direto de teclado, pelo *mouse* adaptado, pela tela sensível ao toque, bem como pelo movimento corporal como o olhar, sopro ou piscar (Kijima, 2005). Há também o teclado adaptado, muito útil quando o aluno tem muita espasticidade, contraindo excessivamente grupos musculares que impedem sua coordenação. Dessa forma, fica mais fácil colocar a força em um teclado, tecla a tecla. As máquinas de escrever mais antigas favorecem a superação dessa dificuldade motora porque o funcionamento delas é mecânico e as teclas necessitam de mais força para que a letra ou o número sejam transpassados para o papel. Outra adaptação seria a cobertura parcial do teclado com um tampo vazado de madeira, permitindo que o aluno toque apenas nas letras, impedindo que ele acrescente símbolos desnecessários por conta de um apoio incorreto.

FIGURA 5.10 –
MÁQUINA DE ESCREVER

Fotografado no Centro de Psicomotricidade Água & Vida

A criança com deficiência motora frequenta o mesmo meio que qualquer outra pessoa. Será nesse meio que ela desenvolverá suas potencialidades e se deparará com suas limitações. Porém, será na interação com o que o meio lhe oferece que ela poderá superar suas dificuldades. Nessa interação está a responsabilidade da escola inclusiva, do professor e da promoção de TAs para o beneficiamento e desenvolvimento do aluno com necessidades educacionais especiais.

Considerações sobre a exploração de espaços físicos e de objetos

Para a inclusão do aluno com deficiência motora, é necessário muito cuidado com o espaço físico e com o mobiliário adequado.

Propicie ao máximo experiências no meio físico que explorem os sentidos. Apresente-lhe diferentes objetos, para que os toque, mesmo que não os consiga segurar, de forma que sinta sua textura, sua temperatura, seu peso e assim possa ir conectando novos estímulos, que lhe servirão para novas informações. Ao permitir a manipulação de materiais concretos, a percepção de novos estímulos sensoriais está sendo estimulada. Utilize todas as partes do corpo nessa exploração, como as mãos, os pés, o corpo, descobrindo sua textura e consistência. Um trabalho muito interessante – se a criança com deficiência motora já é capaz de sentar-se com autonomia – é espalhar talco no chão, de preferência em um solo mais escuro, para que a criança possa movimentar os braços ou pernas e espalhar o talco, "desenhando" e sentindo a sua produção com o corpo todo.

Chame a atenção para todos os detalhes à sua disposição: os sons, os orifícios, a textura, o formato, o peso, entre outras possibilidades, e explore o movimento no corpo, seu principal referencial.

É preciso ressaltar que o conhecimento dos objetos e das pessoas do entorno requer proximidade física que viabilize o contato e o manuseio dos elementos presentes no ambiente, requerendo uma intervenção que viabilize e estimule essas relações (Carvalho, 2000b).

A motivação para explorar deve ser estimulada por todos, educador, colegas, familiares, professores e pessoas que estão envolvidas em seu convívio que devem participar continuamente dessa estimulação. Se as possibilidades de participação e interação estão presentes, bem como o estímulo e o encorajamento à ação, a criança com deficiência motora demonstrará maior funcionalidade em seu ambiente e melhores expectativas de desenvolvimento e aprendizagem (Carvalho, 2000b).

Mas não se esqueça de cuidar da segurança desses espaços, evitando cantos pontiagudos, degraus ou objetos espalhados e que causem perigo às crianças em sua locomoção. Uma forma interessante de garantir a segurança desses alunos é o professor entrar minutos antes no ambiente, colocando-se na situação do aluno, para perceber seus movimentos e possibilidades.

No próximo capítulo, daremos atenção aos recursos físicos e às adaptações curriculares de grande porte. O cuidado com esses fatores é necessário para incluir o aluno com deficiência motora no espaço escolar, oferecendo, assim, condições para que desempenhe as atividades escolares.

6

Recursos educacionais
e adequações físicas

No presente capítulo, apresentaremos as principais adaptações de grande porte, sobretudo relacionadas ao espaço, aos recursos físicos e pedagógicos.

Conforme o documento *Desenvolvendo competências para o atendimento às necessidades educacionais de alunos com deficiência física/neuro-motora* (Brasil, 2005), entre as adequações comumente necessárias ao aluno com deficiência motora, estão as modificações dos recursos físicos e as adequações dos recursos pedagógicos (observadas no capítulo anterior).

As adequações dos recursos físicos indicadas para prédios e salas escolares são, conforme a NBR 9050 (ABNT, 2004), indicadas a qualquer tipo de deficiência que apresente mobilidade reduzida, assim como aos que necessitam do uso de cadeira de rodas:

- pequenos degraus inclinados ou rampas – inclinação máxima de 1:2 (50%) – (ABNT, 2004);

Figura 6.1 –
Rampas de acesso

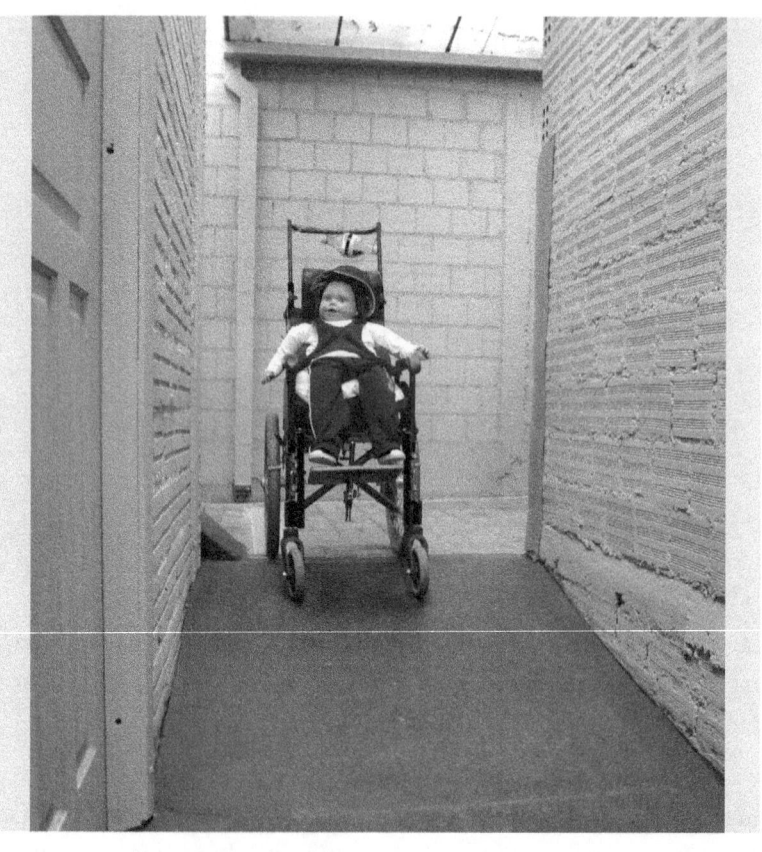

- portas e corredores largos para a passagem da cadeira de rodas – mínimo 0,80 × 1,20m, que é o espaço utilizado por uma cadeira de rodas – (ABNT, 2004);

FIGURA 6.2 –
CORREDOR LARGO QUE PERMITE
A PASSAGEM DA CADEIRA DE RODAS

- cantos arredondados, para evitar que a criança com limitações em sua locomoção esbarre nas quinas e se machuque;

FIGURA 6.3 –
CANTO ARREDONDADO

- corrimões próximos a bebedouros, para promover a maior estabilidade do aluno com deficiência motora;
- corrimões próximos aos assentos dos banheiros, para promover a mesma estabilidade e segurança, evitando quedas desnecessárias desses alunos (as especificações técnicas para banheiros também seguem a NBR 9050 (ABNT, 2004));

FIGURA 6.4 –
CORRIMÃO NO BANHEIRO

NOTAS: Banheiro adaptado para higiene do cotidiano da criança deficiente motora.

FIGURA 6.5 –
CADEIRA DE BANHO EM CHUVEIRO ADAPTADO

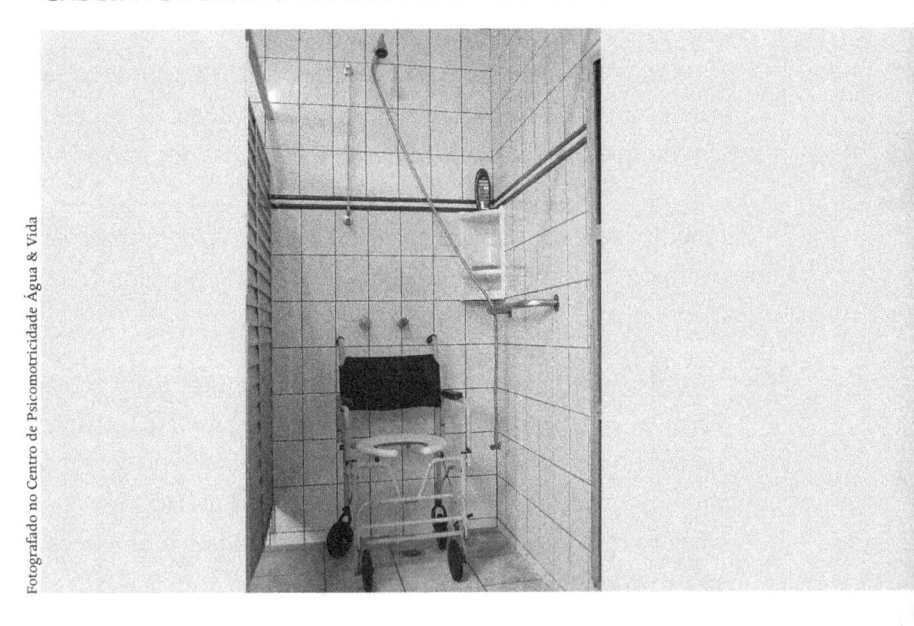

FIGURA 6.6 –
CADEIRA ADAPTADA PARA USO DO VASO SANITÁRIO

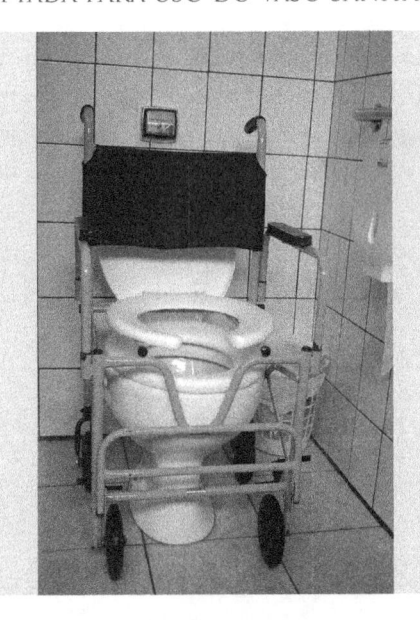

- corrimões próximos à lousa, para que o aluno com deficiência motora possa chegar até ela tal qual seus colegas e participar de atividades no quadro;
- mudança na disposição de carteiras e demais móveis na sala de aula, de forma a possibilitar a passagem de cadeira de rodas ou facilitar a locomoção de alunos com muletas.

As modificações necessárias nos mobiliários para promover maior conforto a crianças que usam tipoia, ÓRTESES* e próteses são:

- cantos arredondados nos móveis e carteiras, para que a criança com limitações em sua locomoção não esbarre nesses objetivos e não se machuque;
- tapetes antiderrapantes nas áreas escorregadias;
- assentos giratórios nas carteiras para facilitar o movimento de levantar e de sentar;
- cadeiras ajustáveis à altura de cada aluno, para que mantenham uma postura correta e os pés apoiados no chão, evitando possíveis desvios posturais; mesas que podem ser erguidas com apoios suplementares em sua base, para atender a altura necessária ao aluno, ou mesas talhadas, com recortes, para que aquele aluno que possui tendência a se desequilibrar ao usar os braços e as mãos na escrita consiga se manter com maior segurança na cadeira. Na mesa adaptada (Figura 6.7), devem ser encontrados suporte para os pés, prancha inclinada para suporte de livros, apoio para os braços e cinto de segurança na cadeira;

Figura 6.7 –
Mesa adaptada

- estabilizadores que funcionam com apoio suplementar ao aluno que possui uma instabilidade postural e que pode cair com mais facilidade. Podem ser tutores ou estabilizadores.

Figura 6.8 –
Estabilizador

Kijima (2005) indica, de modo geral, mobílias cujo projeto atenda a problemas específicos das crianças com deficiência motora ao levantar e sentar, entre outros. Por exemplo, a cadeira a seguir (Figura 6.9) permite que a professora possa se sentar atrás da criança e envolvê-la com seus braços, dando-lhe segurança e ajudando-a no seu controle para as atividades no quadro vertical.

FIGURA 6.9 –
CADEIRA ADAPTADA

Fotografado no Centro de Atividade Educacional Tistu

6.1
ADEQUAÇÕES EM RECURSOS DIDÁTICOS

Nos recursos didáticos, assim como com qualquer outro aluno, é importante estar atento ao processo de ensino-aprendizagem para identificar as necessidades específicas de cada um. Em relação aos materiais didáticos, Kijima (2005) indica:

- forrar a carteira com papel, prendendo-o com fita adesiva, para facilitar a escrita de crianças que apresentem dificuldades de coordenação motora ou espasticidade, de forma que o papel não caia da carteira;
- colocar canaletas de madeira ou de PVC em volta da carteira para evitar que os lápis ou outro material que esteja sobre ela caiam no chão (alunos com dificuldade de controle dos membros superiores esbarram muito nos objetos);
- suportes para livros, de forma a mantê-lo posicionado na carteira em posição diagonal, facilitando a leitura para o aluno que possui limitações em seus movimentos de cabeça e de tronco;
- "vira-páginas" mecânico para os que têm limitações nos membros superiores e não conseguem realizar essa ação de forma autônoma. É um aparelho que, ao ser acionado por um sistema de alavancas, executa o movimento de virar as páginas do livro. Além disso, o acionamento apenas com a pressão de um botão executa o movimento de trocar a página do livro que está no suporte. Geralmente o vira-páginas mecânico vêm associado ao suporte para livros;
- extensões adicionais com dobradiças em carteiras escolares para crianças que possuem pouco equilíbrio ao permanecerem sentadas, representando a extensão do braço da mesa ou mesmo uma proteção frontal, de modo que o aluno com deficiência motora não se desequilibre e caia da carteira.

Quanto às adequações dos recursos pedagógicos, é preciso compreender que as maiores dificuldades educacionais dessas crianças estão concentradas na leitura, na escrita e nas atividades que envolvem a coordenação motora. Sendo assim, é importante que o professor use criatividade para ajudar o aluno a vencer suas dificuldades, adaptando materiais especificamente para aquela situação de modo a facilitar o aprendizado dele.

Na produção escrita, pela dificuldade de coordenação motora, a criança poderá apresentar limitações para segurar o lápis e escrever. Como as habilidades gráficas fazem parte do repertório das atividades de vida diárias (AVDs)[1], segundo as orientações gerais dos PCNs (Brasil, 1997) sobre atender à diversidade e à necessidade individual de cada aluno, algumas facilitações para o aluno com deficiência motora podem ser utilizadas na realização dessa tarefa, tais como:

- aumentar o calibre do lápis, enrolando nele fita crepe, ou inserindo-o numa rolha, cadarço ou espuma para facilitar a preensão dos que têm falta de mobilidade articular manual;

FIGURA 6.10 –
LÁPIS ADAPTADO

Fotografado no Centro de Atividade Educacional Tistu

- usar materiais de tamanho maior, que facilitem a utilização. O giz de cera em tamanho maior, por exemplo, possibilita que o aluno com deficiência motora tenha uma preensão manual mais precisa e forte;

---

[1] As atividades de vida diária conhecidas como AVDs referem-se às capacidades voltadas às ações autônomas e relacionadas ao vestuário (vestir uma meia, uma calça etc.), à higiene (escovar dentes, pentear seu cabelo etc.) e à alimentação (comer com colher, com garfo, servir-se de líquido em um copo).

FIGURA 6.11 –
GIZ DE CERA

Fotografado no Centro de Atividade Educacional Tistu

- adaptar engrossadores de lápis, que facilitam a realização do movimento de preensão manual ao invés do movimento de pinça, mais refinado. Esses engrossadores de lápis podem ser adaptados com rolhas de garrafas, nas quais se faz um buraco no meio para que seja encaixado o lápis, ou mesmo engrossadores de borracha EVA;

PASSO A PASSO

COMO FAZER UM ADAPTADOR DE LÁPIS

Você vai precisar de:

- uma rolha;
- um lápis;
- um compasso.

COMO FAZER?

Perfure a rolha com a ponta de um compasso, ou com outro material que possibilite furá-la, até chegar à espessura do lápis, inserindo-o, após, nesse orifício. A rolha funcionará como um engrossador.

Como utilizar?

Este recurso simples possibilita maior capacidade de preensão e mobilidade ao escrever.

NOTA: Lápis adaptado com rolha posicionado em cima de um caderno ampliado.

- Tesouras adaptadas – as tesouras adaptadas podem ser confeccionadas ou compradas, sobretudo as que possuam mola, de forma que a preensão palmar seja suficiente para que as lâminas se fechem e abram e, assim, executem o recorte.

Passo a passo

Como fazer uma tesoura adaptada

Você vai precisar de:

- uma tesoura;
- duas argolas (de chaveiro);
- fita crepe.

Como fazer?

1. Cole as argolas de metal na tesoura utilizando a fita crepe, de forma que seja possível apoiar os quatro dedos nela. A tesoura adaptada precisa ser confeccionada de modo que se adapte à mão da criança.

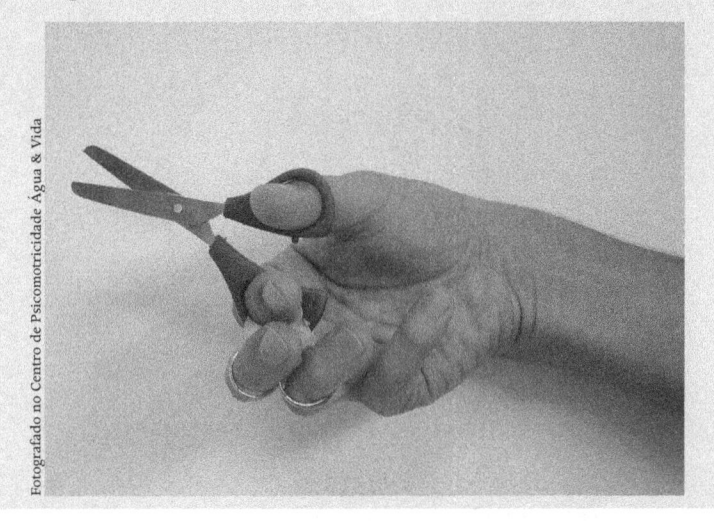

- substituidores de preensão palmar (Figura 6.13) para aqueles que não têm a mobilidade do pulso, adaptando o aparelho ao braço com uma borracha, semelhante à de sonda hospitalar. Esses substituidores são adaptações geralmente confeccionados em tecido de neoprene (moldável à mão) como uma faixa que se envolve desde a mão até o braço, passando pelo antebraço; assim, a criança, com o movimento do braço, consegue escrever, ou apontar para letras imantadas presas em quadro à sua frente.

FIGURA 6.12 –
LÁPIS COM CORDÃO EMBORRACHADO

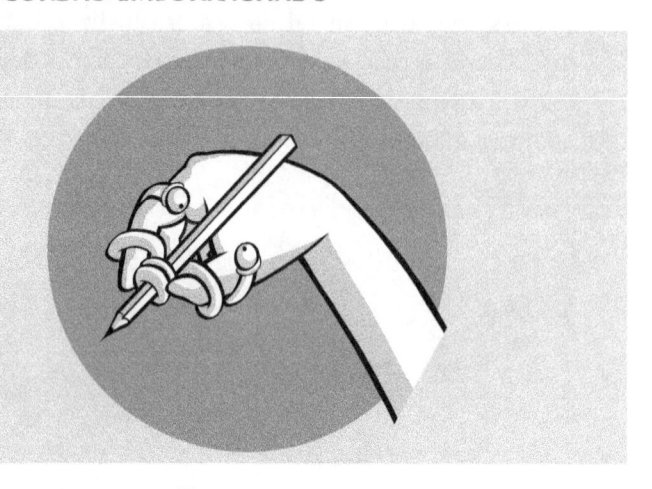

FIGURA 6.13 –
SUBSTITUIDOR DE PREENSÃO PALMAR

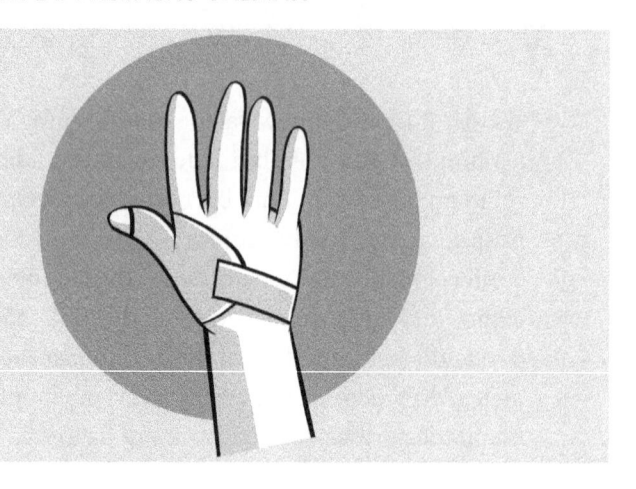

Além disso, outros recursos paralelos ainda podem ser utilizados, como:

- placas de letras em tamanho ampliado, ou seja, um painel com letras maiores e com cores para ampliar a percepção visual;

FIGURA 6.14 –
PLACAS DE LETRAS AMPLIADAS

Fotografado no Centro de Psicomotricidade Água & Vida

- computador e *softwares* adaptados às necessidades motoras de cada aluno, como *mouse* adaptado que é acionado, por exemplo, com um simples mover de dedo indicador;
- placas imantadas com atividades pedagógicas (Figura 6.14);
- prancha inclinada sobre a mesa (com peças como números e letras antiderrapantes) de forma que facilite a visualização e promova melhor preensão (Figura 6.15);

FIGURA 6.15 –
PRANCHA INCLINADA

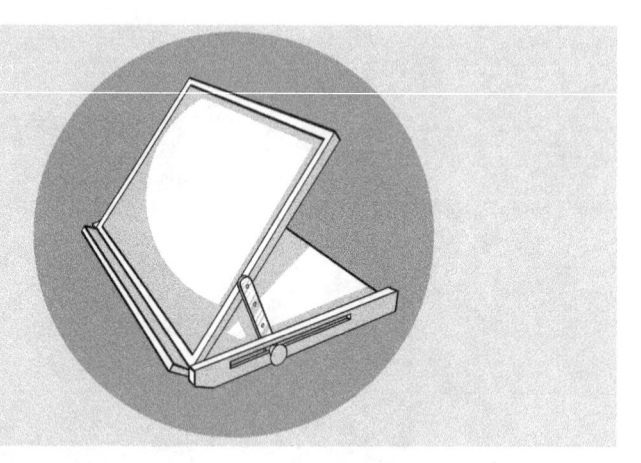

- números ou figuras feitas em cartolina e com uma das faces com lixa, para auxiliar a preensão tátil;
- formas e figuras coladas em caixas (como as de remédio) revestidas, visando facilitar a preensão manual, bem como sua visualização (Figura 6.16).

FIGURA 6.16 –
FIGURAS EM CAIXA

6.2
QUEBRANDO BARREIRAS: RECURSOS FÍSICOS E ERGONÔMICOS

Escolas que recebem crianças com limitações físicas precisam observar atentamente o seu espaço externo (pátios, quadras e rampas de acesso), bem como seu espaço interno (corredores e banheiros), fazendo as adequações necessárias para receber as crianças com deficiência motora. Elas precisam ter as mesmas condições que os alunos sem deficiência, participando do recreio, dos passeios, das festas e de toda a vida social relacionada à escola.

Recursos ergonômicos são as adaptações do meio físico com o objetivo de facilitar o acesso aos mobiliários e às dependências da escola. Eles auxiliam a promover a participação ativa do aluno com deficiência motora, assim como sua sociabilização.

A utilização de recursos ergonômicos que possibilitem posturas corporais adequadas, como os citados a seguir, são fundamentais para o bem-estar e a autonomia do aluno com limitações motoras:

- *Parapodium* ou tutor – consiste em um aparelho de metal ou madeira de tamanhos variados que contém três faixas com velcro que são posicionadas sobre o joelho, na altura do quadril e por baixo das axilas, para fixar a criança. Ao ser usado, se necessário, é preciso que a criança esteja calçada ou usando uma prótese, para evitar que vire o pé ao ser sustentada pelo aparelho na postura vertical. Objetiva melhorar a função dos membros superiores, estimulando a força deles, diminuir a espasticidade, evitar deformidades e ativar o sistema circulatório e respiratório. Além, disso, busca melhorar o aspecto emocional, elevando sua autoestima, visto que a posição vertical é a postura comum de uma pessoa, e o fato de o aluno ficar um tempo nessa posição, diferente da cadeira de rodas e mais próxima aos demais, ajuda-lhe a se sentir pertencente ao grupo. Quanto ao tutor, a diferença entre ele e o *parapodium* é que o primeiro tem apoios parciais, pois a sustentação da criança, nesse caso, também é parcial; o segundo dá maior sustentação para a criança que necessita de um apoio total;

Figura 6.17 – Tutor

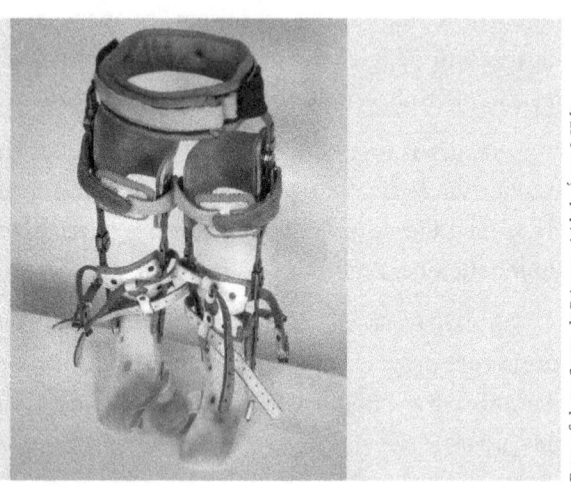

Fotografado no Centro de Psicomotricidade Água & Vida

- Mesa de atividades adaptada – é composta por gavetas, tipo escrivaninha, e fixada com uma haste de metal nas laterais que vai regular a altura do tampo conforme a altura do aluno. Essa mesa pode ser forrada com um tecido preso com elástico, contornando a mesa, que contenha tiras de velcro para fixar os recursos pedagógicos. A textura do próprio tecido também é importante para criar um atrito entre os membros superiores e a mesa, de modo que facilite o movimento das crianças atáxicas e espásticas, assim como estimule a percepção tátil;
- Cadeira de rodas – adaptadas com cintos, encosto e suporte para a cabeça; voltado a crianças que não conseguem ficar em pé no *parapodium*;

- Cavalo de abdução – geralmente é uma peça triangular de madeira, com um anteparo em uma das vértices do triângulo, que impede que as pernas, em algumas deficiências espásticas, se cruzem (assumindo o padrão cruzado próprio da deficiência), mantendo-as abduzidas e, assim, permitindo a boa adaptação postural. A criança senta sobre o cavalo, que é colocado em sua cadeira.

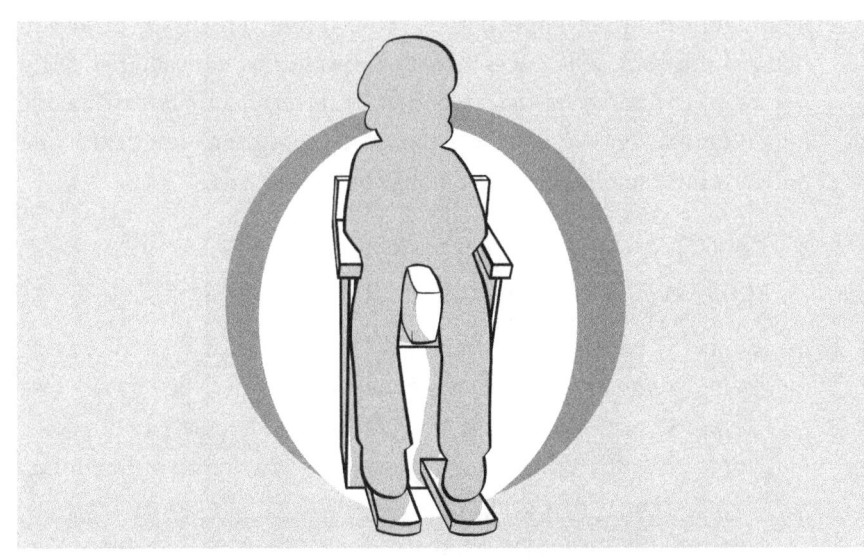

Figura 6.18 –
Cavalo de abdução

- Tapetes antiderrapantes – ou mesmo faixas antiderrapantes nas áreas escorregadias, que podem ser adaptadas sem a troca do piso (quando não é possível fazê-lo), a ser inserida nos locais em que o deficiente motor circula.
- Suporte para os pés – para maior apoio ergonômico, evitando maiores complicações posturais, ou mesmo a fim de evitar que o deficiente motor escorregue, mantendo sempre os pés apoiados. Geralmente são suportes confeccionados com madeira, mas se não houver, uma lista telefônica ou mesmo um livro pode realizar a mesma função.

Ressalta-se a necessidade constante de revisar o uso de adaptação e de equipamentos com o fisioterapeuta ou o terapeuta ocupacional, visto que à medida que a criança evolui, vai ganhando autonomia e assim pode substituir os apoios ou mesmo suprimi-los à medida que conquista novas condições pessoais como o controle postural sentado sem apoio, por exemplo.

No entanto, essas adaptações não devem se restringir às possibilidades de participação da criança. Segundo Carvalho (2000a), a aquisição de próteses e de equipamentos adequados (computador, estabilizador de cabeça, de tronco e de quadril, andador etc.) são importantes, como também recursos de acesso do aluno com deficiência motora ao programa educacional, visto que suas limitações físicas podem interferir em sua capacidade perceptiva, pois se não tiver uma boa postura, não poderá visualizar ou mesmo manipular os objetos e materiais.

CONSIDERAÇÕES ASSOCIADAS AOS ALUNOS COM LIMITAÇÕES FÍSICAS

As bengalas ou muletas, que são instrumentos de apoio, também fazem parte do espaço corporal do aluno e devem ser respeitados como tal. Por isso, evite se apoiar nelas, bem como agarrá-las. Em sala de aula, mantenha-as ao alcance do aluno, assim como, por exemplo, peça permissão para o cadeirante[1] sempre que for movimentar a cadeira de rodas. Se não houver acessibilidade para subir um degrau, incline a cadeira para trás e apoie as rodinhas da frente sobre o degrau; na descida, faça-o de marcha ré. Se forem muitos degraus, solicite a ajuda de outra pessoa.

Para conversar com um aluno que está em uma cadeira de rodas, abaixe-se e fique na mesma altura que ele, ou sente-se ao lado, em uma cadeira, mantendo o mesmo nível de olhar. Se estiver realizando alguma dinâmica em grupo, vire a cadeira

1   O termo *cadeirante* é utilizado para se referir a usuários de cadeira de rodas.

de rodas de frente para a atividade, para que ele possa participar observando a todos.

Evite que o aluno com limitações físicas fique muito tempo em uma mesma postura, faça alternações entre o chão e a cadeira, ou mesmo utilize o *parapodium* com os devidos cuidados em seu posicionamento.

Histórias que ensinam

O ESCAFANDRO e a borboleta. Direção: Julian Schnabel. França: Europa filmes, 2007. 112 min.

CONSIDERAÇÕES FINAIS

No decorrer deste livro, apontamos o valor do movimento e do corpo no desenvolvimento integral do homem e o quanto tais limitações refletem em seu desenvolvimento. Observamos que, quando o indivíduo possui alguma debilidade motora, o seu desenvolvimento sofrerá importantes limitações. A educação inclusiva passa a ser, então, uma das áreas com significativa relevância para que o desenvolvimento motor se estabeleça.

Como a educação inclusiva vem se configurando como uma realidade, verificamos que algumas políticas públicas estão favorecendo o meio educacional, buscando promover cada vez mais a perspectiva da educação inclusiva. Mas também sabemos que as perspectivas teóricas ainda se focam na educação especial, em uma concepção segregativa e excludente, quando se refere às diferenças.

Muitas escolas sequer possuem as condições mínimas para promover a aprendizagem do aluno sem deficiências, o que dizer, então, nessa perspectiva inclusiva apresentada. São INCIPIENTES as atitudes inclusivas que busquem a personalização do atendimento educacional dentro do contexto inclusivo em sala de aula, incentivando a aprendizagem e criando um ambiente propício no qual os alunos possam realizar suas atividades e construir seu conhecimento. Tais transformações implicam adequações curriculares, mudança de paradigmas e nova postura do professor, assim como a promoção de atitudes para o aluno com necessidades educacionais especiais e o desenvolvimento de novos instrumentos ou metodologias.

É nesse contexto que se inclui a necessidade da busca contínua a favor de novas adequações didáticas, de conteúdos e de metodologias. Concordando com Silva (2003), mesmo com avanços na atenção ao aluno com deficiência, não é possível dizer ainda que as salas de aula, quando inclusivas, exercitam essa característica. Elas, apesar do avanço atitudinal, ainda se encontram mais voltadas para a absorção de informações e menos para o desenvolvimento do indivíduo, não se percebendo ainda o atendimento individualizado.

Para a educação de alunos com deficiência motora, é ainda mais imperativo reforçar a importância do trabalho educacional com profissionais especializados em educação inclusiva e com assessoria de profissionais de diversas áreas, como psicomotricistas, fonoaudiólogos, fisioterapeutas, terapeutas ocupacionais, psicólogos e outros.

Devemos compreender que as ações educativas desenvolvidas para esses alunos devem estimulá-los a se apropriar e a utilizar de suas reais capacidades para conhecer o mundo através de suas interações com o meio, garantindo a esses indivíduos o desenvolvimento da totalidade de seus potenciais.

Quando as pessoas com deficiência mostram capacidade de se inserir na sociedade em que vivem, apesar de todas as dificuldades impostas, passam a ser vistas como pessoas extremamente capazes, ainda que não estejam livres do preconceito e das dificuldades materiais encontradas na ausência de infraestrutura, como a falta de adaptações no transporte coletivo e de acessos adequados.

Nessa complexidade, cabe à sociedade encontrar meios para combater os preconceitos a que são submetidas as pessoas com deficiência motora, e isso pode ser feito através da qualificação dos profissionais que atuam com essa população, já que as transformações sociais e tecnológicas se dão a partir das relações que os homens estabelecem com o meio e com os outros.

Melhores oportunidades educacionais para esses alunos e o fortalecimento das perspectivas inclusivas da escola e da sociedade como um todo precisam ser efetivadas e incorporadas como um direito inerente do cidadão. Mas, também, além do aluno, o professor precisa estar atento e ser criativo para promover as devidas adequações curriculares e promover uma prática pedagógica consistente.

A este "educador" cabe exercitar sua capacidade de observação constante para sentir os limites e as possibilidades individuais de seus alunos, estabelecendo uma relação mais próxima com cada um a fim de intermediar o processo de ensino-aprendizagem. Somente assim esse profissional será capaz de proporcionar crescimento e evolução de seus alunos, pois estará fortalecendo a crença de que, mesmo com limitações, ele é capaz de aprender, de produzir, de ter opiniões, de discuti-las, colocando suas necessidades, aspirações, incertezas, sucesso e possíveis fracassos a favor de si mesmo.

GLOSSÁRIO[1]

Amputação – representa o corte ou a eliminação parcial ou total de uma estrutura como braço, perna, pé, permanecendo no local uma deformidade que pode, em alguns casos, ser compensada por prótese.

Comunicação alternativa – é um termo usado para definir outras formas de comunicação como o uso de gestos, língua de sinais, expressões faciais, o uso de pranchas de alfabeto ou símbolos pictográficos, até o uso de sistemas sofisticados de computador com voz sintetizada, quando o indivíduo não apresenta outra forma de comunicação. Utiliza-se, ainda, o termo *comunicação ampliada*, quando o indivíduo possui alguma comunicação, mas essa não é suficiente para que ele seja compreendido pelos outros.

Dispraxia – é uma forma parcial ou incompleta de apraxia, ou seja, prejuízo na capacidade de realizar um movimento intencional de natureza familiar, em que a execução do movimento causa respostas motoras inadequadas, sem se associar a um quadro evolutivo. Contudo, várias funções podem ser afetadas, de acordo com o local da lesão cerebral e sua patologia.

Dura-máter – "a mais externa, espessa e fibrosa das três membranas que envolvem o cérebro e a medula espinhal" (Houaiss; Villar, 2009).

Flácidos – estado caracterizado por redução ou perda do tônus muscular normal em consequência da deterioração dos neurônios motores inferiores. Também chamado de *hipotonicidade*.

Hemiparesia – paralisia incompleta de nervo ou músculo de um dos lados do corpo que não perdeu inteiramente a sensibilidade e o movimento, ocasionando a fraqueza deste lado do corpo e limitações nos movimentos promovidos pelos músculos acometidos.

Hiperlordose – aumento da lordose lombar ou cervical, ou seja, aumento da curvatura da coluna cervical ou lombar com a convexidade voltada para

---

[1] As definições que constam nesse glossário foram construídas com base nos autores citados na referência.

frente.

HIPOGLICEMIA – refere-se à baixa de glicemia no organismo. Quando há uma hipoglicemia grave, eventualmente o quadro clínico leva à privação do SNC resultando em fome, sudorese, deficiência da função mental, ataques, coma e até morte.

MEMBROS COM DEFORMIDADES CONGÊNITAS – são as estruturas corporais de braços e pernas irregulares ou desproporcionais que nascem com o indivíduo, podendo advir de más-formações intrauterinas ou mesmo de causas genéticas.

MIELINIZAÇÃO – processo de desenvolvimento normal que ocorre no SNC principalmente nos primeiros anos de vida. Faz parte da maturação dos neurônios, com a aquisição progressiva das bainhas de mielina, os quais têm como função principal facilitar a condução e a passagem de impulsos nervosos.

MONOPARESIA – paralisia incompleta de nervo ou músculo de um membro somente, que não perdeu inteiramente a sensibilidade e o movimento.

NANISMO – acentuado subdesenvolvimento da estatura.

ÓRTESE – é uma ajuda externa, destinada a suplementar ou corrigir uma função deficiente ou mesmo complementar o rendimento fisiológico de um órgão ou membro que tenha sua função diminuída. As órteses podem ser pré-fabricadas ou confeccionadas sob medida. Exemplos de órteses: colar cervical, talas de material, plástico para punho ou para o braço, palmilhas ortopédicas, coletes, tutores etc.

OSTOMIA – é uma abertura cirúrgica na pele para comunicar uma víscera com o meio externo, com o objetivo de possibilitar a saída de excreções.

PARAPARESIA – é a paralisia incompleta de nervo ou músculo dos membros inferiores ou superiores que não perderam inteiramente a sensibilidade e o movimento.

PRAXIA – do grego *prâxis*, significa ação.

PROPRIOCEPTIVIDADE – capacidade de "receber estímulos provenientes dos músculos, dos tendões e de outros tecidos internos" (Houaiss; Villar, 2009).

PRÓTESE – é atualmente empregado em linguagem médica para designar substitutos artificiais de partes do corpo que tenham sido perdidas acidentalmente, retiradas intencionalmente ou que estejam comprometidas em sua forma ou função. Ou seja, qualquer dispositivo ou aparelho destinado a substituir um órgão, um membro ou parte dele, o qual se encontra destruído ou gravemente lesado. São exemplos de próteses: dentes implantados, dentaduras, olho de vidro, válvulas cardíacas, tubos de material sintético como o Dacron (substituindo segmentos arteriais), silicone em lugar de tecido mamário, membros artificiais como pernas mecânicas, braços mecânicos etc. Está implícita na palavra *prótese* a ideia de substituição ou troca da parte danificada ou defeituosa do corpo por uma peça artificial, conforme definição encontrada nos melhores dicionários médicos.

REFLEXOS ARCAICOS – são os reflexos primitivos que nascem com a criança. Com o desenvolvimento, alguns se extinguem – como o reflexo tônico-cervical assimétrico (RTCA) – e outros se mantêm ao longo da vida – como o reflexo patelar.

SENSIBILIDADE EXTEROCEPTIVA – refere-se à capacidade de reconhecer a situação do corpo no espaço e relaciona-se às sensações de pressão e de temperatura (Bueno, 1998).

SENSIBILIDADE INTEROCEPTIVA – está ligada à vida orgânica e vegetativa, bem como às variações que se produzem no interior do corpo (Bueno, 1998).

TETRAPARESIA – consiste na paralisia incompleta de nervo ou músculo dos membros inferiores e superiores que não perderam inteiramente a sensibilidade e o movimento.

TRAUMAS CRANIOENCEFÁLICOS – ou traumas cerebrais, consistem em lesões agudas e crônicas do cérebro, incluindo os hemisférios cerebrais, cerebelo e tronco cerebral. As manifestações clínicas dependem da natureza da lesão.

TRIPARESIA – é a paralisia incompleta de nervo ou músculo de três membros que não perderam inteiramente a sensibilidade e o movimento.

TRIPLEGIA – é a paralisia que acomete três membros; é mais rara e acontece com maior frequência como uma condição de transição do desenvolvimento da tetraplegia. Como principais sinais, ao caminhar, os braços, a cabeça e a boca podem sofrer contrações, os joelhos se posicionarem encostados um no outro, e pernas e pés manterem-se voltados para dentro.

TOXEMIA – é uma intoxicação generalizada produzida por toxinas e outras substâncias elaboradas por um agente infeccioso.

VOZ SINTETIZADA – voz artificial produzida através de um sistema de informática, podendo ser implantado em *softwares*, criando uma voz sintética, compreendida mais facilmente pelo aluno com deficiência.

Referências

ABNT – Associação Brasileira de Normas Técnicas. NBR 9050: acessibilidade a edificações, mobiliário, espaços e equipamentos urbanos. 2. ed. 2004. Disponível em: <http://www.mpdft.gov.br/sicorde/NBR9050-31052004.pdf>. Acesso em: 26 jun. 2010.

ADAMS, R. D.; VICTOR, M.; ROPPER, A. H. Neurologia. 6. ed. Chile: Mc Graw-Hill, 2002.

ANDRADE, J. M. P. de. Para além das exclusões: por uma sociedade da informação rumo à sociedade do conhecimento e das diferenças. In: SILVA, S.; VIZIM, M. Políticas públicas: educação, tecnologia e pessoas com deficiências. São Paulo: Cia. das Letras, 2003.

ANTONIUK, S. A. Disfunções cerebrais e aprendizagem. In: JORNADA DE PSICOMOTRICIDADE E EDUCAÇÃO, 2003, Curitiba. Anais... Curitiba: Água e Vida e Movimento, 2003. 1 CD-ROM.

APR – Associação Paranaense de Reabilitação. Disponível em: <http://www.apr.org.br>. Acesso em: 30 nov. 2009.

ARAÚJO DE MELLO, E. L. Qualidade de vida de crianças com distrofia muscular progressiva tipo Duchenne. 142 f. Dissertação (Mestrado em Educação da saúde) – Universidade de Fortaleza, Fortaleza, 2005.

BARBOSA, V. C.; FORMIGA, C. K. M. R.; LINHARES, M. B. M. Avaliação das variáveis clínicas e neurocomportamentais de recém-nascidos pré-termo. Revista Brasileira de Fisioterapia, São Carlos, v. 11, n. 4, p. 275-281, jul./ago. 2007.

BASIL, C. Os alunos com paralisia cerebral: desenvolvimento e educação. In: COLL, C.; PALACIOS, J.; MARCHESI, A (Org.). Desenvolvimento psicológico e educação: necessidades educativas especiais e aprendizagem escolar. Porto Alegre: Artes Médicas, 1995. v. 3.

BERSCH, R.; MACHADO, R. Conhecendo o aluno com deficiência física. In: SCHIRMER, C. R. et al. Atendimento educacional especializado: deficiência física. Brasília: MEC/SEED/SEESP, 2007. Disponível em: <http://portal.mec.gov.br/seesp/arquivos/pdf/aee_df.pdf>. Acesso em: 15 fev. 2010.

BOBATH, K. A Deficiência motora em pacientes com paralisia cerebral. São Paulo: Manole, 1979.

BOBATH, K.; BOBATH, B. O desenvolvimento motor nos diferentes tipos de paralisia cerebral. São Paulo: Manole, 1978.

BOLSANELLO, M. A. Concepções sobre os procedimentos de intervenção e avaliação de profissionais em estimulação precoce. Educar, Curitiba, n. 22, p. 343-355, 2003.

BRAIER, L. Diccionario enciclopédico de medicina. 4. ed. Barcelona: Editorial JIMS, 1980.

_____. Uma base neurofisiológica para o tratamento da paralisia cerebral. São Paulo: Manole, 1984.

BRANDÃO, J. S. Desenvolvimento psicomotor da mão. Rio de Janeiro: Enelivros, 1984.

BRASIL. Decreto n. 3.298, de 20 de dezembro de 1999. Diário Oficial da União, Poder Legislativo, Brasília, DF, 21 dez. 1999. Disponível em: <http://www.planalto.gov.br/ccivil_03/decreto/D3298.htm>. Acesso em: 29 nov. 2009.

_____. Decreto n. 5.296, de 2 de dezembro de 2004. Diário Oficial da União, Poder Legislativo, Brasília, DF, 3 dez. 2004a. Disponível em: <http://www.planalto.gov.br/ccivil/_ato2004-2006/2004/Decreto/D5296.htm>. Acesso em: 29 nov. 2009.

BRASIL. Ministério da Educação. Declaração de Salamanca. Brasília, 1994.

_____. Leis de Diretrizes e Bases da Educação Nacional 9394/96. Brasília, 1996a.

BRASIL. Ministério da Educação. Conselho Nacional de Educação. Câmara de Educação Básica. Resolução n. 2, de 11 de setembro de 2001. Diário Oficial da União, Brasília, DF, 14 set. 2001, p. 39-41. Disponível em: <http://portal.mec.gov.br/cne/arquivos/pdf/CEB0201.pdf>. Acesso em: 29 nov. 2009.

_____. Resolução n. 4, de 2 de outubro de 2009. Diário Oficial da União, Brasília, 5 out. 2009, p. 17. Disponível em: <http://portal.mec.gov.br/dmdocuments/rceb004_09.pdf>. Acesso em: 16 dez. 2009.

BRASIL. Ministério da Educação. Secretaria de Educação Especial. Desenvolvendo competências para o atendimento às necessidades educacionais de alunos com deficiência física/neuro-motora. Brasília, 2005. (Série Saberes e práticas da inclusão).

_____. Diretrizes educacionais sobre estimulação precoce: o portador de necessidades educativas especiais. Brasília, 1995.

BRASIL. Ministério da Educação. Secretaria de Educação Especial. DIFICULDADES DE COMUNICAÇÃO E SINALIZAÇÃO: deficiência física. 4. ed. Brasília, 2006. (Série Saberes e práticas da inclusão).

_____. ESTRATÉGIAS PARA A EDUCAÇÃO DE ALUNOS COM NECESSIDADES EDUCACIONAIS ESPECIAIS. Brasília, 2003. (Série Saberes e práticas da inclusão).

_____. PORTAL DE AJUDAS TÉCNICAS PARA EDUCAÇÃO: equipamento e material pedagógico para educação, capacitação e recreação da pessoa com deficiência física – recursos pedagógicos adaptados. Brasília, 2002. (Fascículo 1). Disponível em: <http://portal.mec.gov.br/seesp/arquivos/pdf/rec_adaptados.pdf>. Acesso em: 18 fev. 2010.

_____. PORTAL DE AJUDAS TÉCNICAS PARA EDUCAÇÃO: equipamento e material pedagógico para educação, capacitação e recreação da pessoa com deficiência física – recursos para a comunicação alternativa. Brasília, 2004b. (Fascículo 2). Disponível em: <http://portal.mec.gov.br/seesp/arquivos/pdf/comunicacao.pdf>. Acesso em: 18 fev. 2010.

_____. PROJETO ESCOLA VIVA: garantindo o acesso e permanência de todos os alunos na escola – alunos com necessidades educacionais especiais. Brasília, 2000a. v. 2.

BRASIL. Ministério da Educação. Secretaria de Educação Fundamental. PARÂMETROS CURRICULARES NACIONAIS. Brasília, 1997. 10 v.

_____. REFERENCIAL CURRICULAR NACIONAL PARA A EDUCAÇÃO INFANTIL. Brasília, 1998. 3 v.

BRASIL. Ministério da Educação. Secretaria de Educação Fundamental. Secretaria de Educação Especial. REFERENCIAL CURRICULAR NACIONAL PARA A EDUCAÇÃO INFANTIL: estratégias e orientações para a educação de crianças com necessidades educacionais especiais. Brasília, 2000b. Disponível em: <http://portal.mec.gov.br/seb/arquivos/pdf/eduinf_esp_ref.pdf>. Acesso em: 18 fev. 2010.

BRASIL. Ministério da Previdência e Assistência Social. Secretaria de Assistência Social. A ATENÇÃO À PESSOA PORTADORA DE DEFICIÊNCIA NA ÁREA DE ASSISTÊNCIA SOCIAL. Brasília, 1996b.

BRAZELTON, T. B.; GREENSPAN, S. I. AS NECESSIDADES ESSENCIAIS DAS CRIANÇAS. Porto Alegre: Artmed, 2002.

BRONFENBRENNER, U. A ECOLOGIA DO DESENVOLVIMENTO HUMANO: experimentos naturais e planejados. Porto Alegre: Artes Médicas, 1996.

BUENO, J. M. PSICOMOTRICIDADE: teoria e prática – estimulação, educação e reeducação psicomotora com atividades aquáticas. São Paulo: Lovise, 1998.

BUENO, S. T.; RESA, J. A. Z. EDUCACIÓN FÍSICA PARA NIÑOS Y NIÑAS CON

NECESIDADES EDUCATIVAS ESPECIALES. Archidona: Aljibe, 1995.

CAMBIER, J. et al. MANUAL DE NEUROLOGIA. 2. ed. Rio de Janeiro: Atheneu, 1988.

CARVALHO, E. n. S. de. A concepção de deficiência. Deficiência múltipla. O bebê com deficiência múltipla. In: BRASIL. Ministério da Educação. Secretaria de Educação Especial. PROGRAMA DE CAPACITAÇÃO DE RECURSOS HUMANOS DO ENSINO FUNDAMENTAL: deficiência múltipla. Brasília, 2000a. v. 1: fascículos I, II e III. (Série Atualidades Pedagógicas). Disponível em: <http://www.dominiopublico.gov.br/download/texto/me000466.pdf>. Acesso em: 20 fev. 2010.

_____. A criança de quatro a seis anos com deficiência múltipla. A criança de sete a onze anos com deficiência múltipla. O adolescente com deficiências múltiplas. A competência social. O adulto com deficiência múltipla. In: BRASIL. Ministério da Educação. Secretaria de Educação Especial. PROGRAMA DE CAPACITAÇÃO DE RECURSOS HUMANOS DO ENSINO FUNDAMENTAL: deficiência múltipla. Brasília, 2000b. v. 2: fascículos IV, V, VI e VII. (Série Atualidades Pedagógicas). Disponível em: <http://www.dominiopublico.gov.br/download/texto/me000467.pdf>. Acesso em: 20 fev. 2010.

CASTRO, E. M. de. ATIVIDADE FÍSICA ADAPTADA. Ribeirão Preto: Tecmedd, 2005.

CENTRO DE INFORMÁTICA E INFORMAÇÕES SOBRE PARALISIAS CEREBRAIS. Disponível em: <http://www.defnet.org.br>. Acesso em: 30 nov. 2009.

CHAGAS, A. M. de R.; VIOTTI, R. B. RETRATO DA PESSOA COM DEFICIÊNCIA NO BRASIL SEGUNDO O CENSO DE 1991. Brasília: Ipea, 2003.

CIDADE, R. E. A.; FREITAS, P. S. de. INTRODUÇÃO À EDUCAÇÃO FÍSICA E AO DESPORTO PARA PESSOAS PORTADORAS DE DEFICIÊNCIA. Curitiba: Ed. da UFPR, 2002.

CLIK TECNOLOGIAS ASSISTIVA. Disponível em: <http://www.clik.com.br>. Acesso em: 30 nov. 2009.

CUBEROS, M. D. A. et al. NECESSIDADES EDUCATIVAS ESPECIAIS. Lisboa: Dinalivro, 1997. (Coleção Saber Mais).

DE VRIES, J. I. P.; VISSER, G. H. A.; PRECHTL, H. F. R. The emergence of fetal behaviour: I qualitative aspects. EARLY HUMAN DEVELOPMENT, v. 7, p. 301-332, 1982.

_____. The emergence of fetal behavior: II qualitative aspects. EARLY HUMAN DEVELOPMENT, v. 12, p. 99-120, 1985.

DUBOWITZ, V. MUSCLE DISORDERS IN CHILDHOOD. 2. ed. London: Saunders,

1995.

FAZENDA, I. C. ENCONTROS E DESENCONTROS DA DIDÁTICA E DA PRÁTICA DE ENSINO. São Paulo: Cortez, 2001. (Caderno Cedes).

FERREIRA, A. B. de H. NOVO DICIONÁRIO DA LÍNGUA PORTUGUESA. 3. ed. Rio de Janeiro: n. Fronteira, 1999.

FONSECA, V. da. EDUCAÇÃO ESPECIAL. Porto Alegre: Artes Médicas, 1987.

_____. PSICOMOTRICIDADE: filogênese, ontogênese e retrogênese. 2. ed. rev. e aum. Porto Alegre: Artes Médicas, 1998.

FRANCH, n. Naturaleza, manifestaciones y funciones del movimiento humano. REVISTA IBEROAMERICANA DE PSICOMOTRICIDAD Y TÉCNICAS CORPORALES, v. 6, n. 24, p. 93-102, nov. 2006.

FREUD, S. OBRAS COMPLETAS. Rio de Janeiro: Imago, 1969.

GALLAHUE, D.; OZMUN, J. C. COMPREENDENDO O DESENVOLVIMENTO MOTOR: bebês, crianças, adolescentes e adultos. 3. ed. São Paulo: Phorte, 2005.

GALLARDO, J. M. V.; SALVADOR, M. L. DISCAPACIDAD MOTÓRICA: aspectos psicoevolutivos y educacionales. Málaga: Aljibe, 1994.

GESELL, A. A CRIANÇA DOS 0 AOS 5 ANOS. São Paulo: M. Fontes, 1996.

_____. EL NIÑO DE 5 A 10 AÑOS. Buenos Aires: Paidós, 1960. v. 3.

GIL, R. NEUROPSICOLOGIA. 2. ed. São Paulo: Santos, 2002.

HEESE, G. LA ESTIMULACIÓN TEMPRANA EN EL NIÑO DISCAPACITADO. Buenos Aires: Panamericana, 1986.

HOUAISS, A.; VILLAR, M. de. S. DICIONÁRIO ELETRÔNICO HOUAISS DA LÍNGUA PORTUGUESA. Versão 3.0. Rio de Janeiro: Objetiva, 2009. 1 CD-ROM.

IBGE – Instituto Brasileiro de Geografia e Estatística. CENSO DEMOGRÁFICO. Brasília, DF, 2000.

JOVER, A. Inclusão: qualidade para todos. REVISTA NOVA ESCOLA, São Paulo, ano 14, n. 123, jun. 1999.

KIJIMA, G. M. Deficiências físicas/neuro-motoras. In: BRASIL. Ministério da Educação. Secretaria de Educação Especial. DESENVOLVENDO COMPETÊNCIAS PARA O ATENDIMENTO ÀS NECESSIDADES EDUCACIONAIS DE ALUNOS COM DEFICIÊNCIA FÍSICA/NEURO-MOTORA. Brasília, 2005. (Série Saberes e Práticas da Inclusão).

KIRK, S. A.; GALLAGHER, J. J.; SANVICENTE, M. Z. EDUCAÇÃO DA CRIANÇA EXCEPCIONAL. 2. ed. São Paulo: M. Fontes, 1991.

LAMÔNICA, D. A. C. Linguagem na paralisia cerebral. In: FERREIRA, L. P.; BEFI-LOPES, D. M.; LIMONGI, S. C. O. TRATADO DE FONOAUDIOLOGIA. São Paulo: Roca, 2004. p. 967-976.

LEITÃO, A. PARALISIA CEREBRAL: diagnóstico, terapia, reabilitação. Rio de

Janeiro: Atheneu, 1983.

LUCARELI, P. R.; CÔRREA, S. M. P., LAMARI, n. M. Análise de marcha em mielomeningocele. In: SIMPÓSIO DE FISIOTERAPIA DA UNIVERSIDADE FEDERAL DE SÃO CARLOS, 10., 2001, São Paulo. Palestra... REVISTA BRASILEIRA DE FISIOTERAPIA. São Carlos, 2001.

LURIA, A. R. DESENVOLVIMENTO COGNITIVO. São Paulo: Ícone, 1990.

MACHADO, A. V. NEUROANATOMIA FUNCIONAL. 2. ed. Rio de Janeiro: Guanabara Koogan, 1993.

MACIEL, M. C. B. T. Deficiência física. In: BRASIL. Ministério da Educação. Secretaria de Educação a Distância. DEFICIÊNCIA MENTAL: deficiência física. Brasília, 1998. (Cadernos da TV Escola. Educação Especial.)

MASSON, S. GENERALIDADES SOBRE A REEDUCAÇÃO PSICOMOTORA E O EXAME PSICOMOTOR. São Paulo: Manole, 1985.

MAZZOTTA, M. J. S. EDUCAÇÃO ESPECIAL NO BRASIL: história e política pública. São Paulo: Cortez, 1996.

MEINEL, K.; SCHANABEL, G. MOTRICIDADE II: o desenvolvimento motor do ser humano. Rio de Janeiro: Livro Técnico, 1984.

MENDES, M. R. P. AVALIAÇÃO PSICOMOTORA EM CRIANÇAS COM LESÃO CEREBRAL: uma abordagem fisioterapêutica. Dissertação (Mestrado) – Universidade Estadual de Campinas, Campinas, 2001.

MILLER, G.; CLARK, G. D. PARALISIAS CEREBRAIS: causas, consequências e condutas. São Paulo: Manole, 2002.

NICOLESCU, B. O MANIFESTO DA TRANSDISCIPLINARIDADE. Lisboa: Hugin, 2000.

OLIVEIRA, J. A. de. Padrões motores fundamentais: implicações e aplicações na educação física infantil. REVISTA INTERAÇÃO, Minas Gerais, v. 6, ano 2, n. 6, dez. 2002.

OMS – ORGANIZAÇÃO MUNDIAL DA SAÚDE. CLASSIFICAÇÃO INTERNACIONAL DE FUNCIONALIDADE, DEFICIÊNCIA E SAÚDE (CIF). [S.l.], 2003.

_____. MANUAL PARA VIGILÂNCIA DO DESENVOLVIMENTO INFANTIL NO CONTEXTO DA AIDPI. Washington, DC: Opas, 2005.

PACIORNIK, R. DICIONÁRIO MÉDICO. 2. ed. Rio de Janeiro: G. Koogan, 1975.

PAES, R. A. ALTERAÇÕES NEUROPSICOLÓGICAS NA ESCLEROSE MÚLTIPLA FORMA PROGRESSIVA PRIMÁRIA. Dissertação (Mestrado em Neurologia) – Universidade Federal do Rio de Janeiro, Rio de Janeiro, 2007.

PELOSI, M. B. INCLUSÃO E TECNOLOGIA ASSISTIVA. Tese (Doutorado em Educação) – Universidade do Estado do Rio de Janeiro, Rio de Janeiro, 2008.

PIAGET, J. A CONSTRUÇÃO DO REAL NA CRIANÇA. Rio de Janeiro: J. Zahar, 1971.

_____. A LINGUAGEM E O PENSAMENTO DA CRIANÇA. 4. ed. São Paulo: M. Fontes, 1986.

_____. O NASCIMENTO DA INTELIGÊNCIA NA CRIANÇA. Rio de Janeiro: J. Zahar, 1982.

_____. SEIS ESTUDOS DE PSICOLOGIA. 16. ed. Rio de Janeiro: Forense Universitária, 1989.

PRIETO, M. A. S. O DESENVOLVIMENTO DO COMPORTAMENTO DA CRIANÇA COM SÍNDROME DE DOWN NO PRIMEIRO ANO DE VIDA. Dissertação (Mestrado em Ciências Médicas) – Departamento de Genética Médica, Universidade Estadual de Campinas, Campinas, 2002.

REY, L. DICIONÁRIO DE TERMOS TÉCNICOS DE MEDICINA E SAÚDE. Rio de Janeiro: G. Koogan, 1999.

ROTTA, n. T. Paralisia cerebral, novas perspectivas terapêuticas. JORNAL DE PEDIATRIA, v. 78, supl. 1, 2002. Disponível em: <http://www.jped.com.br/conteudo/02-78-S48/port.pdf>. Acesso em: 9 jun. 2010.

RUBIANO, M. R. B. Avaliação do desenvolvimento infantil em creche. ARQUIVOS BRASILEIROS DE PSICOLOGIA, v. 44, n. 1/2, p. 42-52, 1992.

SACCANI, R. et al. Avaliação do desenvolvimento neuropsicomotor em crianças de um bairro da periferia de Porto Alegre. SCIENTIA MEDICA, Porto Alegre, v. 17, n. 3, p. 130-137, jul./set. 2007.

SANTOS, D. C. C.; CAMPOS, D. Desenvolvimento motor: fundamentos para diagnóstico e intervenção. In: MOURA-RIBEIRO M. V. L. de; GONÇALVES, V. M. G. NEUROLOGIA DO DESENVOLVIMENTO DA CRIANÇA. Rio de Janeiro: Revinter, 2006, p. 288-307.

SANVITO, W. L. PROPEDÊUTICA NEUROLÓGICA BÁSICA. 6. ed. São Paulo: Atheneu, 2000.

SASSAKI, R. K. VIDA INDEPENDENTE: história, movimento, liderança, conceito, filosofia e fundamentos. São Paulo: RNR, 2003.

SHEPHERD, R. B. FISIOTERAPIA EM PEDIATRIA. 3. ed. São Paulo: Santos, 1998.

SILVA, S. C. da. INTERAÇÃO ENTRE PROFESSORA E ALUNOS EM SALA INCLUSIVA. Dissertação (Mestrado em Educação) – Universidade Estadual Paulista Júlio de Mesquita Filho, São Paulo, 2003.

SIMÕES, C. A. REABILITAÇÃO DE CRIANÇAS COM DEFICIÊNCIA MOTORA PELO SISTEMA ÚNICO DE SAÚDE NA BAHIA: desafios e perspectivas. Salvador: Ed. da Universidade Católica do Salvador, 2008.

SOUZA, A. M. da C. (Org.). A CRIANÇA ESPECIAL: temas médicos, educativos e sociais. São Paulo: Roca, 2003.

_____. PARALISIA CEREBRAL: aspectos práticos. São Paulo: Mennon, 1998.

SZANIECKI, E. Organização sensitiva e motora fetal: essa pesquisa é relevante para entender o desenvolvimento psicológico do bebê? INFANTO – Revista de neuropsiquiatria da infância e adolescência, v. 3, n. 2, p. 39-42, 1995.

TANI, G. et al. EDUCAÇÃO FÍSICA ESCOLAR. São Paulo: Edusp, 1988.

THELEN, E.; ULRICH, B. Hidden skill: a dynamic systems analysis of treadmill stepping during the first year. MONOGRAPHS OF THE SOCIETY FOR RESEARCH IN CHILD DEVELOPMENT, v. 56, n. 1, 1991.

VALENTE, F. Neuroimagem funcional e desenvolvimento do SNC. In: MOURA-RIBEIRO M. V. L. de; GONÇALVES, V. M. G. NEUROLOGIA DO DESENVOLVIMENTO DA CRIANÇA. Rio de Janeiro: Revinter, 2006. p. 463-469.

VYGOTSKY, L. S. A FORMAÇÃO SOCIAL DA MENTE: o desenvolvimento dos processos psicológicos superiores. 4. ed. São Paulo: M. Fontes, 1991.

_____. O DESENVOLVIMENTO PSICOLÓGICO NA INFÂNCIA. São Paulo: M. Fontes, 1994.

_____. PENSAMENTO E LINGUAGEM. São Paulo: M. Fontes, 1989.

WALLON, H. A EVOLUÇÃO PSICOLÓGICA DA CRIANÇA. São Paulo: M. Fontes, 2000.

_____. AS ORIGENS DO CARÁTER NA CRIANÇA. São Paulo: n. Alexandria, 1995.

_____. DO ACTO AO PENSAMENTO. Lisboa: Portugália, 1966.

_____. OBJECTIVOS E MÉTODOS DA PSICOLOGIA. Lisboa: Estampa, 1975.

_____. PSICOLOGIA E EDUCAÇÃO DA CRIANÇA. Lisboa: Vega, 1979.

WEIL, P. RUMO À NOVA TRANSDISCIPLINARIDADE: sistemas abertos de conhecimento. São Paulo: Summus, 1993.

WERNER, D. GUIA DE DEFICIÊNCIAS E REABILITAÇÃO SIMPLIFICADA: para crianças e jovens portadores de deficiência, famílias, comunidades, técnicos de reabilitação e agentes comunitários de saúde. Brasília: Corde, 1994.

Sobre a autora

JOCIAN MACHADO BUENO é graduada em Educação Física e especialista em Exercício e Saúde pela Universidade Federal do Paraná (UFPR). Também é especialista em Psicomotricidade, pela Fundação da UFPR para o Desenvolvimento da Ciência, Tecnologia e da Cultura (Funpar); em Educação Especial, pela Faculdade Estadual de Filosofia, Ciências e Letras de Paranaguá (Funfafi); mestre em Educação pela Universidade Tuiuti do Paraná (UTP) e psicomotricista titulada pela Sociedade Brasileira de Psicomotricidade e psicomotricista relacional.

Atualmente é formadora e didata da formação profissional em Psicomotricidade Escolar e Aquática do Centro de Psicomotricidade Água & Vida e professora e coordenadora da especialização em Educação Inclusiva e Prática Social na UTP. É autora de livros e capítulos de livros, professora universitária da UTP e diretora do Água & Vida em Curitiba.

Os papéis utilizados neste livro, certificados por instituições ambientais competentes, são recicláveis, provenientes de fontes renováveis e, portanto, um meio responsável e natural de informação e conhecimento.

FSC
www.fsc.org
MISTO
Papel produzido a partir de fontes responsáveis
FSC® C103535

Impressão: Reproset
Janeiro/2022